MY SURAH BOOK
Grade R to Seven

**Published By
Islamic Book Store**

Published By
Islamic Book Store
302 Saad Residancy
Sahin Park M G Road
Bardoli Surat India
394601

CONTENTS

Date Completed | **Assess**

Grade R 1
Surah Faatihah 2
Surah Ikhlaas 3
Surah Kausar 3
Surah Naas 4
Last Three Verses of Surah Saaffaat 4

Grade One 5
Surah Asr 6
Surah Falaq 6
Surah Lahab 7
Surah Nasr 7
Surah Bani Israa'eel – Aayah 110-111 8

Grade Two 9
Surah Ma'oon 10
Surah Kaafiroon 10
Surah Quraish 11
Surah Feel 11
Surah Aali Imraan - Aayah: 26 - 27 12

Grade Three 13
Surah Takaasur 14
Surah Humaza 14

	Date Completed	Assess

Surah Alqaari'ah 15
Surah 'Aadiyaat 16
Aayatul Kursi (Surah Baqarah Aayah: 255) 17

Grade Four 18

Surah Qadr 19
Surah Zilzaal 19
Surah Teen 20
Surah Inshiraah 21
Surah Hashr – Aayah: 22-24 22

Grade Five & Six 23

Surah Duhaa 24
Surah Yaaseen 25
Surah Baqarah - Aayah: 284 - 286 34
Surah 'Alaq 35
Surah Bayyinah 36

Grade Seven 37

Surah Mulk 38
Surah Sajdah 42

Virtues 47

GRADE R

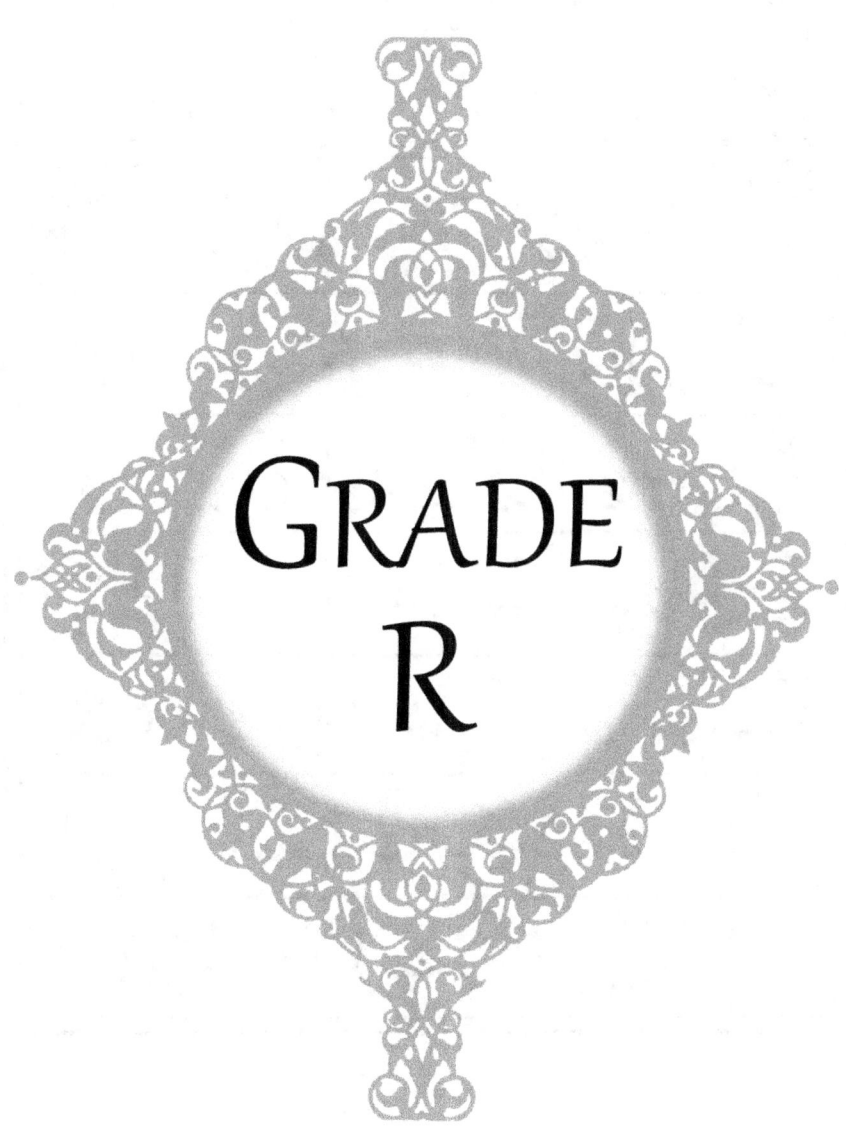

SURAH FAATIHAH

اٰیَاتُهَا ٧ (١) سُوْرَةُ الْفَاتِحَةِ مَكِّيَّةٌ (٥) رُكُوْعُهَا ١

بِسْمِ اللّٰهِ الرَّحْمٰنِ الرَّحِيْمِ ﴿١﴾

اَلْحَمْدُ لِلّٰهِ رَبِّ الْعٰلَمِيْنَ ﴿٢﴾ لا الرَّحْمٰنِ

الرَّحِيْمِ ﴿٣﴾ لا مٰلِكِ يَوْمِ الدِّيْنِ ﴿٤﴾ ط

اِيَّاكَ نَعْبُدُ وَاِيَّاكَ نَسْتَعِيْنُ ﴿٥﴾ ط

اِهْدِنَا الصِّرَاطَ الْمُسْتَقِيْمَ ﴿٦﴾ لا صِرَاطَ

الَّذِيْنَ اَنْعَمْتَ عَلَيْهِمْ ٥ لا غَيْرِ

الْمَغْضُوْبِ عَلَيْهِمْ وَلَا الضَّآلِّيْنَ ﴿٧﴾ ع ★

Surah Ikhlaas

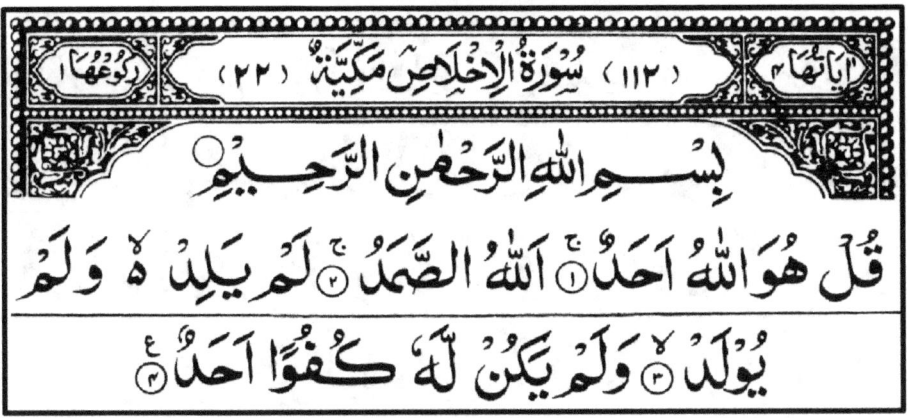

سُورَةُ الْاِخْلَاصِ مَكِّيَّةٌ (۲۲) (۱۱۲)
اٰیاتھا ۴ — رکوعھا ۱

بِسْمِ اللّٰهِ الرَّحْمٰنِ الرَّحِيْمِ

قُلْ هُوَ اللّٰهُ اَحَدٌ ۚ ۝۱ اَللّٰهُ الصَّمَدُ ۚ ۝۲ لَمْ يَلِدْ ۙ۬ وَلَمْ
يُوْلَدْ ۙ ۝۳ وَلَمْ يَكُنْ لَّهٗ كُفُوًا اَحَدٌ ۝۴

Surah Kausar

سُورَةُ الْكَوْثَرِ مَكِّيَّةٌ (۱۵) (۱۰۸)
اٰیاتھا ۳ — رکوعھا ۱

بِسْمِ اللّٰهِ الرَّحْمٰنِ الرَّحِيْمِ

اِنَّآ اَعْطَيْنٰكَ الْكَوْثَرَ ؕ ۝۱ فَصَلِّ لِرَبِّكَ وَانْحَرْ ؕ ۝۲
اِنَّ شَانِئَكَ هُوَ الْاَبْتَرُ ۝۳

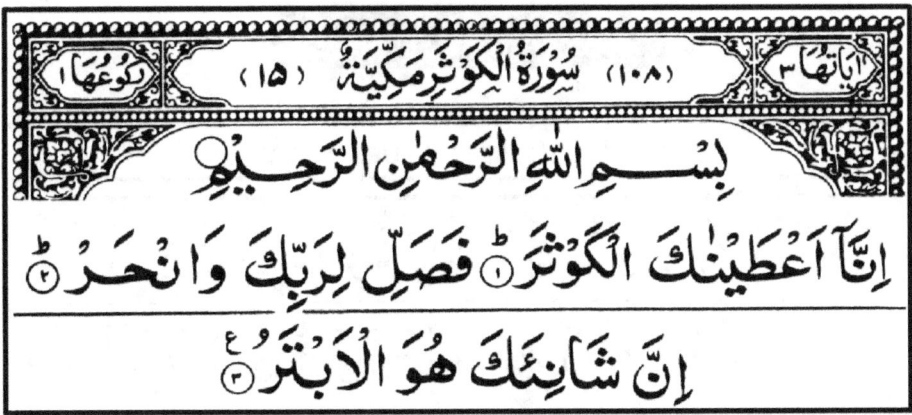

Surah Naas

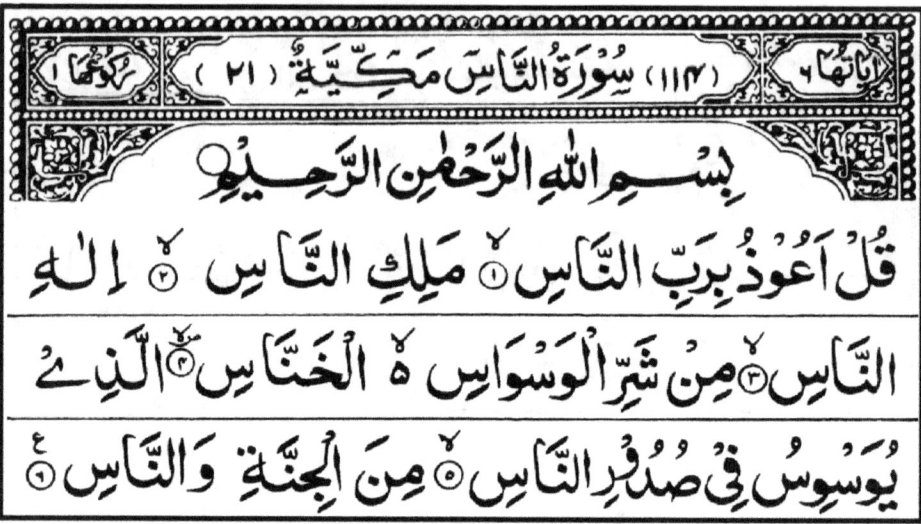

سُوْرَةُ النَّاسِ مَكِّيَّةٌ (۲۱) (۱۱۴)
اٰيَاتُهَا ۶ — رُكُوْعُهَا ۱

بِسْمِ اللّٰهِ الرَّحْمٰنِ الرَّحِيْمِ

قُلْ اَعُوْذُ بِرَبِّ النَّاسِ ۝۱ مَلِكِ النَّاسِ ۝۲ اِلٰهِ
النَّاسِ ۝۳ مِنْ شَرِّ الْوَسْوَاسِ ۵ الْخَنَّاسِ ۝۴ الَّذِىْ
يُوَسْوِسُ فِىْ صُدُوْرِ النَّاسِ ۝۵ مِنَ الْجِنَّةِ وَالنَّاسِ ۝۶

Advance Syllabus

Last Three Verses of Surah Saaffaat

سُبْحٰنَ رَبِّكَ رَبِّ الْعِزَّةِ عَمَّا يَصِفُوْنَ ۝۱۸۰ وَسَلٰمٌ
عَلَى الْمُرْسَلِيْنَ ۝۱۸۱ وَالْحَمْدُ لِلّٰهِ رَبِّ الْعٰلَمِيْنَ ۝۱۸۲

Grade One

SURAH ASR

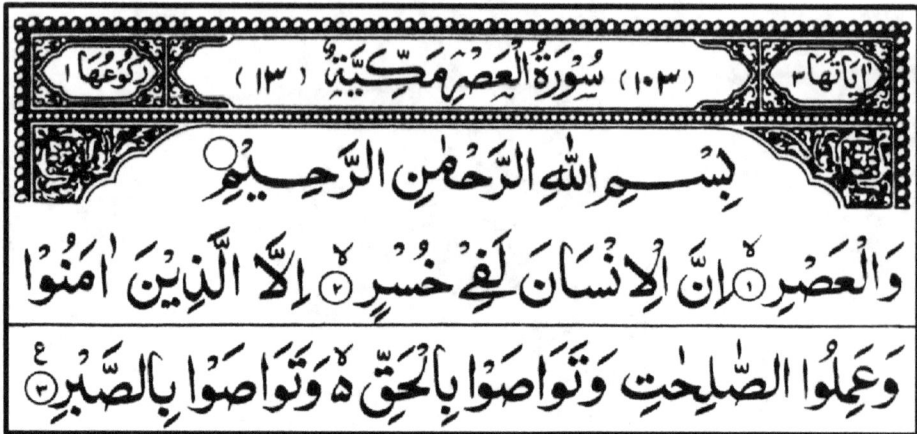

اٰيَاتُهَا ٣ | سُوْرَةُ الْعَصْرِ مَكِّيَّةٌ (١٠٣) (١٣) | رُكُوْعُهَا ١

بِسْمِ اللّٰهِ الرَّحْمٰنِ الرَّحِيْمِ

وَالْعَصْرِ ۙ۝١ اِنَّ الْاِنْسَانَ لَفِيْ خُسْرٍ ۙ۝٢ اِلَّا الَّذِيْنَ اٰمَنُوْا

وَعَمِلُوا الصّٰلِحٰتِ وَتَوَاصَوْا بِالْحَقِّ ۙ وَتَوَاصَوْا بِالصَّبْرِ ۝٣

SURAH FALAQ

اٰيَاتُهَا ٥ | سُوْرَةُ الْفَلَقِ مَكِّيَّةٌ (١١٣) (٢٠) | رُكُوْعُهَا ١

بِسْمِ اللّٰهِ الرَّحْمٰنِ الرَّحِيْمِ

قُلْ اَعُوْذُ بِرَبِّ الْفَلَقِ ۙ۝١ مِنْ شَرِّ مَا خَلَقَ ۙ۝٢

وَمِنْ شَرِّ غَاسِقٍ اِذَا وَقَبَ ۙ۝٣ وَمِنْ شَرِّ النَّفّٰثٰتِ

فِي الْعُقَدِ ۙ۝٤ وَمِنْ شَرِّ حَاسِدٍ اِذَا حَسَدَ ۝٥

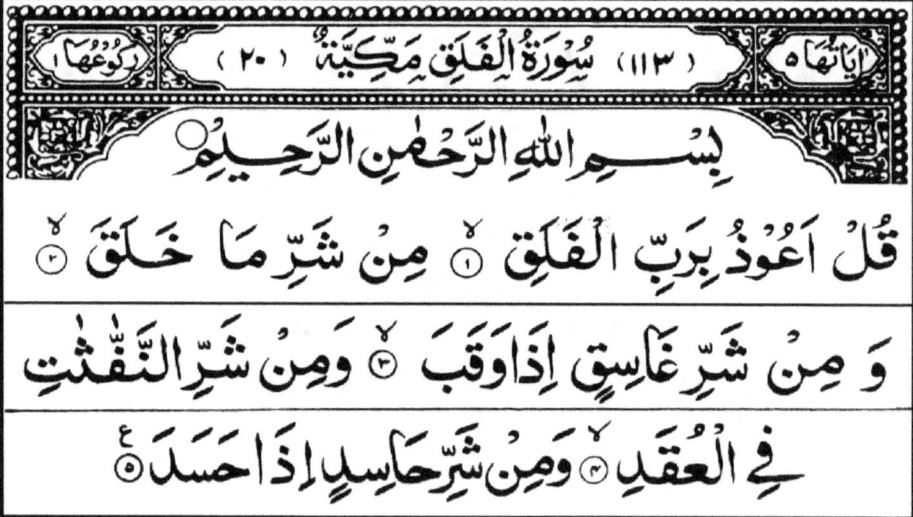

SURAH LAHAB

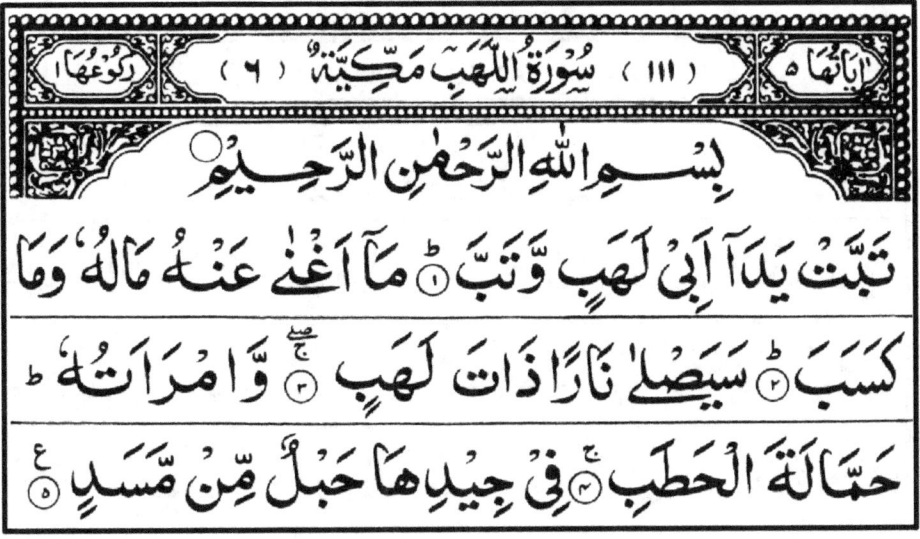

اٰیَاتُهَا ٥ ﴿ ١١١ ﴾ سُوْرَةُ اللَّهَبِ مَكِّيَّةٌ ﴿ ٦ ﴾ رُكُوْعُهَا ١

بِسْمِ اللّٰهِ الرَّحْمٰنِ الرَّحِيْمِ

تَبَّتْ يَدَآ اَبِيْ لَهَبٍ وَّتَبَّ ؕ﴿١﴾ مَآ اَغْنٰى عَنْهُ مَالُهٗ وَمَا

كَسَبَ ؕ﴿٢﴾ سَيَصْلٰى نَارًا ذَاتَ لَهَبٍ ۚۖ﴿٣﴾ وَّامْرَاَتُهٗ ؕ

حَمَّالَةَ الْحَطَبِ ۚ﴿٤﴾ فِيْ جِيْدِهَا حَبْلٌ مِّنْ مَّسَدٍ ﴿٥﴾ ع

SURAH NASR

اٰیَاتُهَا ٣ ﴿ ١١٠ ﴾ سُوْرَةُ النَّصْرِ مَدَنِيَّةٌ ﴿ ١١٤ ﴾ رُكُوْعُهَا ١

بِسْمِ اللّٰهِ الرَّحْمٰنِ الرَّحِيْمِ

اِذَا جَآءَ نَصْرُ اللّٰهِ وَالْفَتْحُ ۙ﴿١﴾ وَرَاَيْتَ النَّاسَ

يَدْخُلُوْنَ فِيْ دِيْنِ اللّٰهِ اَفْوَاجًا ۙ﴿٢﴾ فَسَبِّحْ بِحَمْدِ

رَبِّكَ وَاسْتَغْفِرْهُ ؕ اِنَّهٗ كَانَ تَوَّابًا ﴿٣﴾ ع

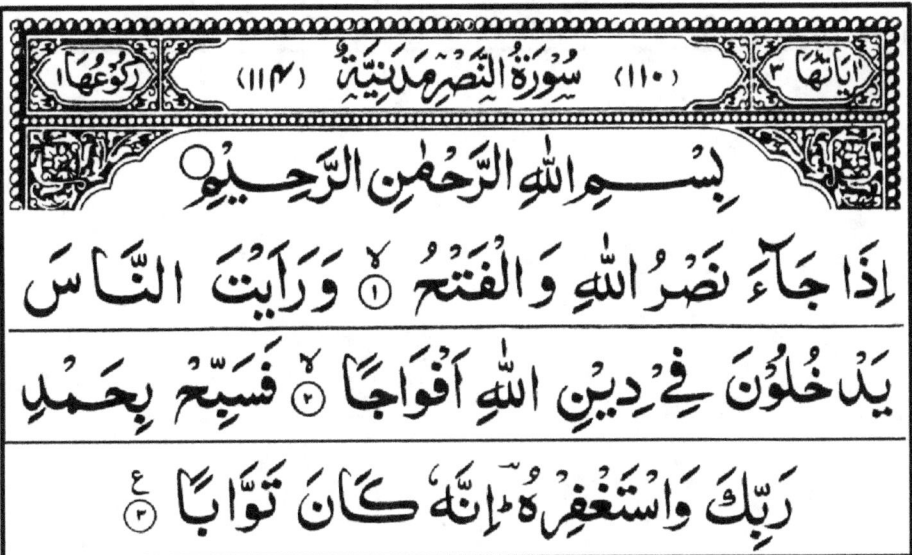

SURAH BANI ISRAA'EEL – AAYAH 110-111

قُلِ ادْعُوا اللّٰهَ اَوِ

ادْعُوا الرَّحْمٰنَ ؕ اَيًّا مَّا تَدْعُوْا فَلَهُ الْاَسْمَآءُ الْحُسْنٰى ۚ

وَلَا تَجْهَرْ بِصَلَاتِكَ وَلَا تُخَافِتْ بِهَا وَابْتَغِ بَيْنَ

ذٰلِكَ سَبِيْلًا ﴿۱۱۰﴾ وَقُلِ الْحَمْدُ لِلّٰهِ الَّذِىْ لَمْ يَتَّخِذْ

وَلَدًا وَّلَمْ يَكُنْ لَّهٗ شَرِيْكٌ فِى الْمُلْكِ وَلَمْ يَكُنْ

لَّهٗ وَلِىٌّ مِّنَ الذُّلِّ وَكَبِّرْهُ تَكْبِيْرًا ﴿۱۱۱﴾ ع

Grade Two

SURAH KAAFIROON

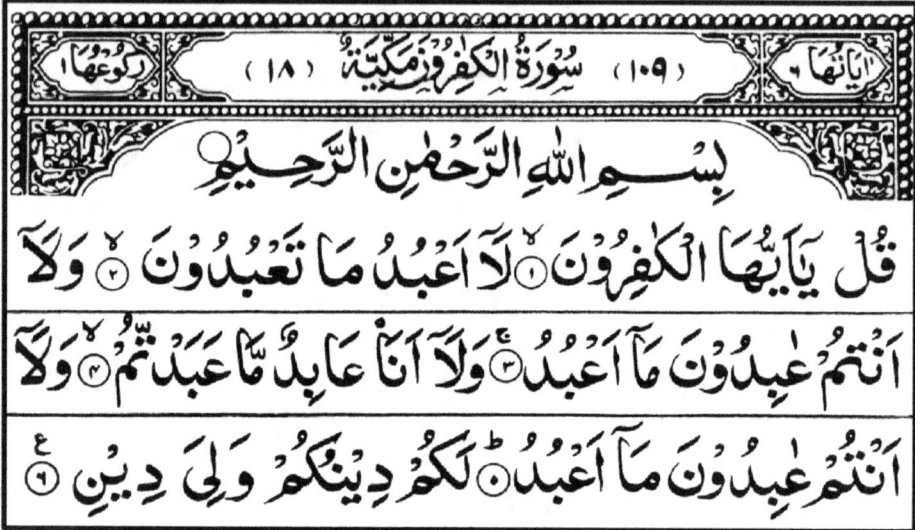

ایاتہا ۶ (۱۰۹) سُورَۃُ الْکٰفِرُوْنَ مَکِّیَّۃٌ (۱۸) رکوعہا ۱

بِسْمِ اللّٰہِ الرَّحْمٰنِ الرَّحِیْمِ

قُلْ یٰۤاَیُّهَا الْکٰفِرُوْنَ ۙ﴿۱﴾ لَاۤ اَعْبُدُ مَا تَعْبُدُوْنَ ۙ﴿۲﴾ وَلَاۤ
اَنْتُمْ عٰبِدُوْنَ مَاۤ اَعْبُدُ ۚ﴿۳﴾ وَلَاۤ اَنَا عَابِدٌ مَّا عَبَدْتُّمْ ۙ﴿۴﴾ وَلَاۤ
اَنْتُمْ عٰبِدُوْنَ مَاۤ اَعْبُدُ ؕ﴿۵﴾ لَکُمْ دِیْنُکُمْ وَلِیَ دِیْنِ ﴿۶﴾ ع

SURAH MA'OON

ایاتہا ۷ (۱۰۷) سُورَۃُ الْمَاعُوْنِ مَکِّیَّۃٌ (۱۷) رکوعہا ۱

بِسْمِ اللّٰہِ الرَّحْمٰنِ الرَّحِیْمِ

اَرَءَیْتَ الَّذِیْ یُکَذِّبُ بِالدِّیْنِ ؕ﴿۱﴾ فَذٰلِکَ الَّذِیْ یَدُعُّ
الْیَتِیْمَ ۙ﴿۲﴾ وَلَا یَحُضُّ عَلٰی طَعَامِ الْمِسْکِیْنِ ؕ﴿۳﴾ فَوَیْلٌ
لِّلْمُصَلِّیْنَ ۙ﴿۴﴾ الَّذِیْنَ هُمْ عَنْ صَلَاتِهِمْ سَاهُوْنَ ۙ﴿۵﴾
الَّذِیْنَ هُمْ یُرَآءُوْنَ ۙ﴿۶﴾ وَیَمْنَعُوْنَ الْمَاعُوْنَ ﴿۷﴾ ع

SURAH QURAISH

اٰيَاتُهَا ۴	سُوْرَةُ قُرَيْشٍ مَّكِّيَّةٌ (۱۰۶) (۲۹)	رُكُوْعُهَا ۱

بِسْمِ اللّٰهِ الرَّحْمٰنِ الرَّحِيْمِ ○

لِاِيْلٰفِ قُرَيْشٍ ۙ﴿۱﴾ اٖلٰفِهِمْ رِحْلَةَ الشِّتَآءِ وَالصَّيْفِ ۚ﴿۲﴾

فَلْيَعْبُدُوْا رَبَّ هٰذَا الْبَيْتِ ۙ﴿۳﴾ الَّذِیْٓ اَطْعَمَهُمْ مِّنْ

جُوْعٍ ۙ وَّاٰمَنَهُمْ مِّنْ خَوْفٍ ﴿۴﴾

SURAH FEEL

اٰيَاتُهَا ۵	سُوْرَةُ الْفِيْلِ مَكِّيَّةٌ (۱۰۵) (۱۹)	رُكُوْعُهَا ۱

بِسْمِ اللّٰهِ الرَّحْمٰنِ الرَّحِيْمِ ○

اَلَمْ تَرَ كَيْفَ فَعَلَ رَبُّكَ بِاَصْحٰبِ الْفِيْلِ ؕ﴿۱﴾ اَلَمْ يَجْعَلْ

كَيْدَهُمْ فِیْ تَضْلِيْلٍ ۙ﴿۲﴾ وَّاَرْسَلَ عَلَيْهِمْ طَيْرًا اَبَابِيْلَ ۙ﴿۳﴾

تَرْمِيْهِمْ بِحِجَارَةٍ مِّنْ سِجِّيْلٍ ۙ﴿۴﴾ فَجَعَلَهُمْ كَعَصْفٍ مَّاْكُوْلٍ ﴿۵﴾

SURAH AALI IMRAAN - AAYAH: 26 - 27

قُلِ اللّٰهُمَّ مٰلِكَ الْمُلْكِ تُؤْتِي الْمُلْكَ
مَنْ تَشَآءُ وَتَنْزِعُ الْمُلْكَ مِمَّنْ تَشَآءُ ز وَتُعِزُّ
مَنْ تَشَآءُ وَتُذِلُّ مَنْ تَشَآءُ ط بِيَدِكَ الْخَيْرُ ط اِنَّكَ
عَلٰى كُلِّ شَيْءٍ قَدِيْرٌ ﴿٢٦﴾ تُوْلِجُ الَّيْلَ فِي النَّهَارِ وَ
تُوْلِجُ النَّهَارَ فِي الَّيْلِ ز وَتُخْرِجُ الْحَيَّ مِنَ الْمَيِّتِ
وَتُخْرِجُ الْمَيِّتَ مِنَ الْحَيِّ ز وَتَرْزُقُ مَنْ تَشَآءُ
بِغَيْرِ حِسَابٍ ﴿٢٧﴾

Grade Three

SURAH HUMAZA

آیاتہا ۹ (۱۰۴) سُوْرَةُ الْهُمَزَةِ مَكِّيَّةٌ (۳۲) رکوعہا ۱

بِسْمِ اللّٰهِ الرَّحْمٰنِ الرَّحِيْمِ

وَيْلٌ لِّكُلِّ هُمَزَةٍ لُّمَزَةِ ۙ﴿۱﴾ الَّذِىْ جَمَعَ مَالًا وَّعَدَّدَهٗ ۙ﴿۲﴾ يَحْسَبُ
اَنَّ مَالَهٗۤ اَخْلَدَهٗ ۚ﴿۳﴾ كَلَّا لَيُنْۢبَذَنَّ فِى الْحُطَمَةِ ۖ﴿۴﴾ وَمَاۤ
اَدْرٰىكَ مَا الْحُطَمَةُ ؕ﴿۵﴾ نَارُ اللّٰهِ الْمُوْقَدَةُ ۙ﴿۶﴾ الَّتِىْ تَطَّلِعُ
عَلَى الْاَفْـِٕدَةِ ؕ﴿۷﴾ اِنَّهَا عَلَيْهِمْ مُّؤْصَدَةٌ ۙ﴿۸﴾ فِىْ عَمَدٍ مُّمَدَّدَةٍ ﴿۹﴾ ع

SURAH TAKAASUR

آیاتہا ۸ (۱۰۲) سُوْرَةُ التَّكَاثُرِ مَكِّيَّةٌ (۱۶) رکوعہا ۱

بِسْمِ اللّٰهِ الرَّحْمٰنِ الرَّحِيْمِ

اَلْهٰىكُمُ التَّكَاثُرُ ۙ﴿۱﴾ حَتّٰى زُرْتُمُ الْمَقَابِرَ ؕ﴿۲﴾ كَلَّا سَوْفَ
تَعْلَمُوْنَ ۙ﴿۳﴾ ثُمَّ كَلَّا سَوْفَ تَعْلَمُوْنَ ؕ﴿۴﴾ كَلَّا لَوْ تَعْلَمُوْنَ
عِلْمَ الْيَقِيْنِ ؕ﴿۵﴾ لَتَرَوُنَّ الْجَحِيْمَ ۙ﴿۶﴾ ثُمَّ لَتَرَوُنَّهَا
عَيْنَ الْيَقِيْنِ ۙ﴿۷﴾ ثُمَّ لَتُسْـَٔلُنَّ يَوْمَئِذٍ عَنِ النَّعِيْمِ ﴿۸﴾ ع

آياتها ١١ — سُوْرَةُ الْقَارِعَةِ مَكِّيَّةٌ (١٠١) (٣٠) — رکوعها ١

بِسْمِ اللّٰهِ الرَّحْمٰنِ الرَّحِيْمِ

اَلْقَارِعَةُ (١) مَا الْقَارِعَةُ (٢) وَمَآ اَدْرٰىكَ مَا الْقَارِعَةُ (٣)

يَوْمَ يَكُوْنُ النَّاسُ كَالْفَرَاشِ الْمَبْثُوْثِ (٤) وَتَكُوْنُ

الْجِبَالُ كَالْعِهْنِ الْمَنْفُوْشِ (٥) فَاَمَّا مَنْ ثَقُلَتْ مَوَازِيْنُهٗ (٦)

فَهُوَ فِيْ عِيْشَةٍ رَّاضِيَةٍ (٧) وَاَمَّا مَنْ خَفَّتْ مَوَازِيْنُهٗ (٨)

فَاُمُّهٗ هَاوِيَةٌ (٩) وَمَآ اَدْرٰىكَ مَا هِيَهْ (١٠) نَارٌ حَامِيَةٌ (١١)

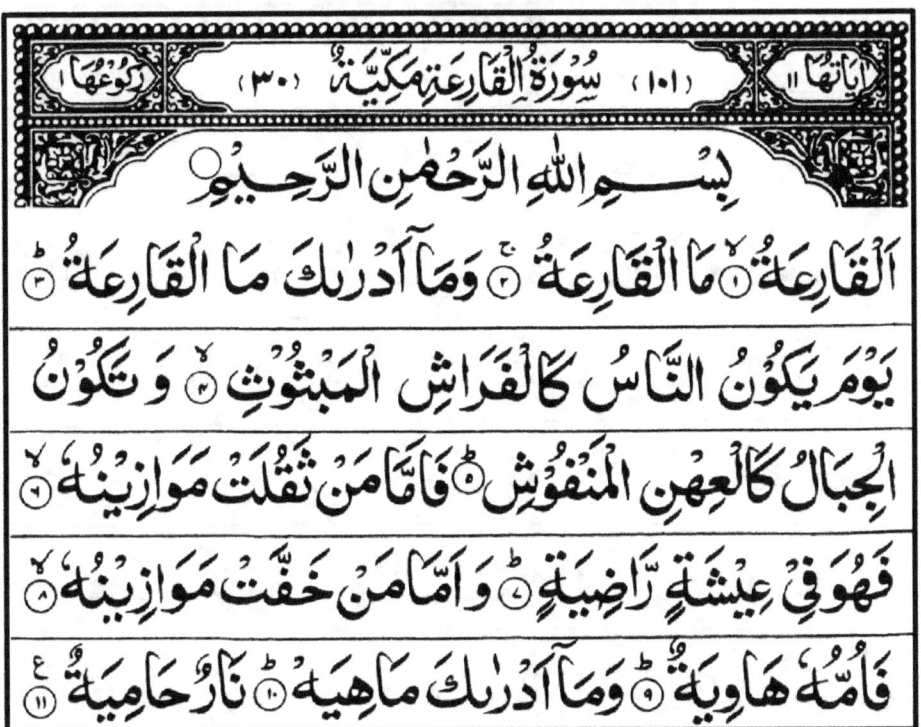

Surah 'Aadiyaat

اٰيَاتُهَا ١١ (١٠٠) سُوْرَةُ الْعٰدِيٰتِ مَكِّيَّةٌ (١٤) رُكُوْعُهَا ١

بِسْمِ اللّٰهِ الرَّحْمٰنِ الرَّحِيْمِ

وَالْعٰدِيٰتِ ضَبْحًا ﴿١﴾ فَالْمُوْرِيٰتِ قَدْحًا ﴿٢﴾ فَالْمُغِيْرٰتِ
صُبْحًا ﴿٣﴾ فَاَثَرْنَ بِهٖ نَقْعًا ﴿٤﴾ فَوَسَطْنَ بِهٖ جَمْعًا ﴿٥﴾
اِنَّ الْاِنْسَانَ لِرَبِّهٖ لَكَنُوْدٌ ﴿٦﴾ وَاِنَّهٗ عَلٰى
ذٰلِكَ لَشَهِيْدٌ ﴿٧﴾ وَاِنَّهٗ لِحُبِّ الْخَيْرِ لَشَدِيْدٌ ﴿٨﴾
اَفَلَا يَعْلَمُ اِذَا بُعْثِرَ مَا فِي الْقُبُوْرِ ﴿٩﴾ وَحُصِّلَ
مَا فِي الصُّدُوْرِ ﴿١٠﴾ اِنَّ رَبَّهُمْ بِهِمْ يَوْمَئِذٍ
لَّخَبِيْرٌ ﴿١١﴾

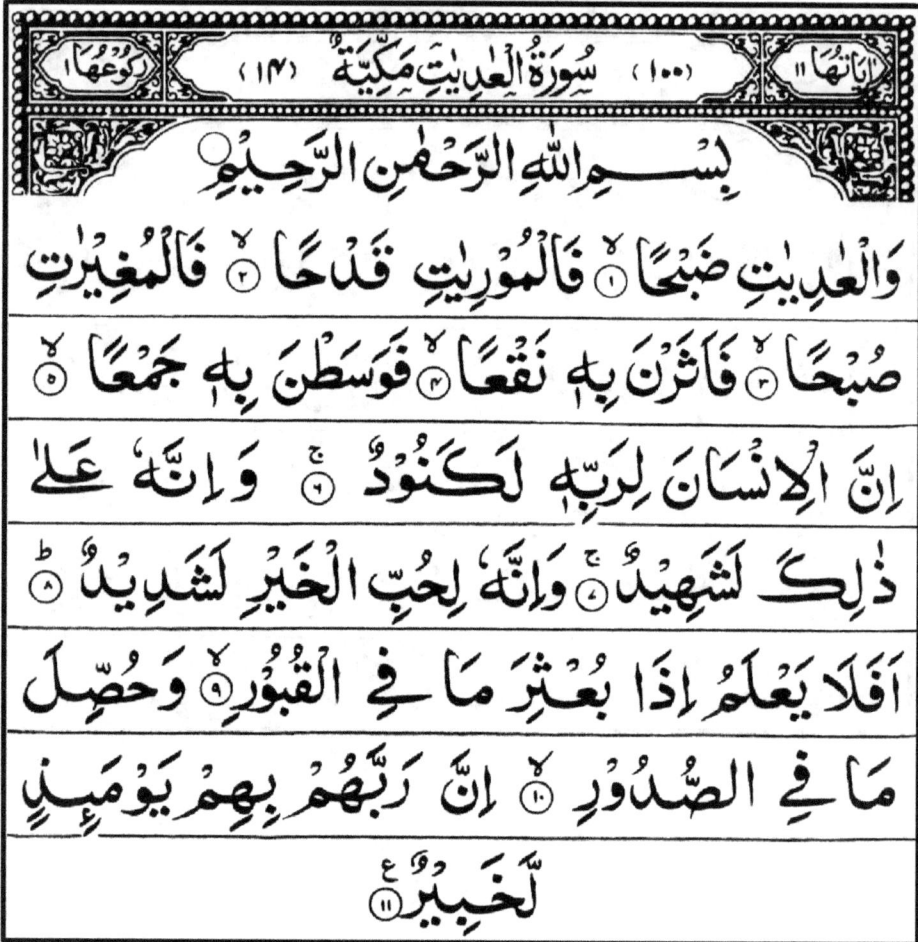

ADVANCE SYLLABUS

AAYATUL KURSI (SURAH BAQARAH AAYAH: 255)

اَللّٰهُ لَآ اِلٰهَ اِلَّا

هُوَ ۚ اَلْحَیُّ الْقَیُّوْمُ ۚ لَا تَاْخُذُهٗ سِنَةٌ وَّلَا نَوْمٌ ؕ

لَهٗ مَا فِی السَّمٰوٰتِ وَمَا فِی الْاَرْضِ ؕ مَنْ ذَا

الَّذِیْ یَشْفَعُ عِنْدَهٗۤ اِلَّا بِاِذْنِهٖ ؕ یَعْلَمُ مَا بَیْنَ

اَیْدِیْهِمْ وَمَا خَلْفَهُمْ ۚ وَلَا یُحِیْطُوْنَ بِشَیْءٍ مِّنْ

عِلْمِهٖۤ اِلَّا بِمَا شَآءَ ۚ وَسِعَ كُرْسِیُّهُ السَّمٰوٰتِ وَ

الْاَرْضَ ۚ وَلَا یَـُٔوْدُهٗ حِفْظُهُمَا ۚ وَهُوَ الْعَلِیُّ

الْعَظِیْمُ ﴿۲۵۵﴾

GRADE FOUR

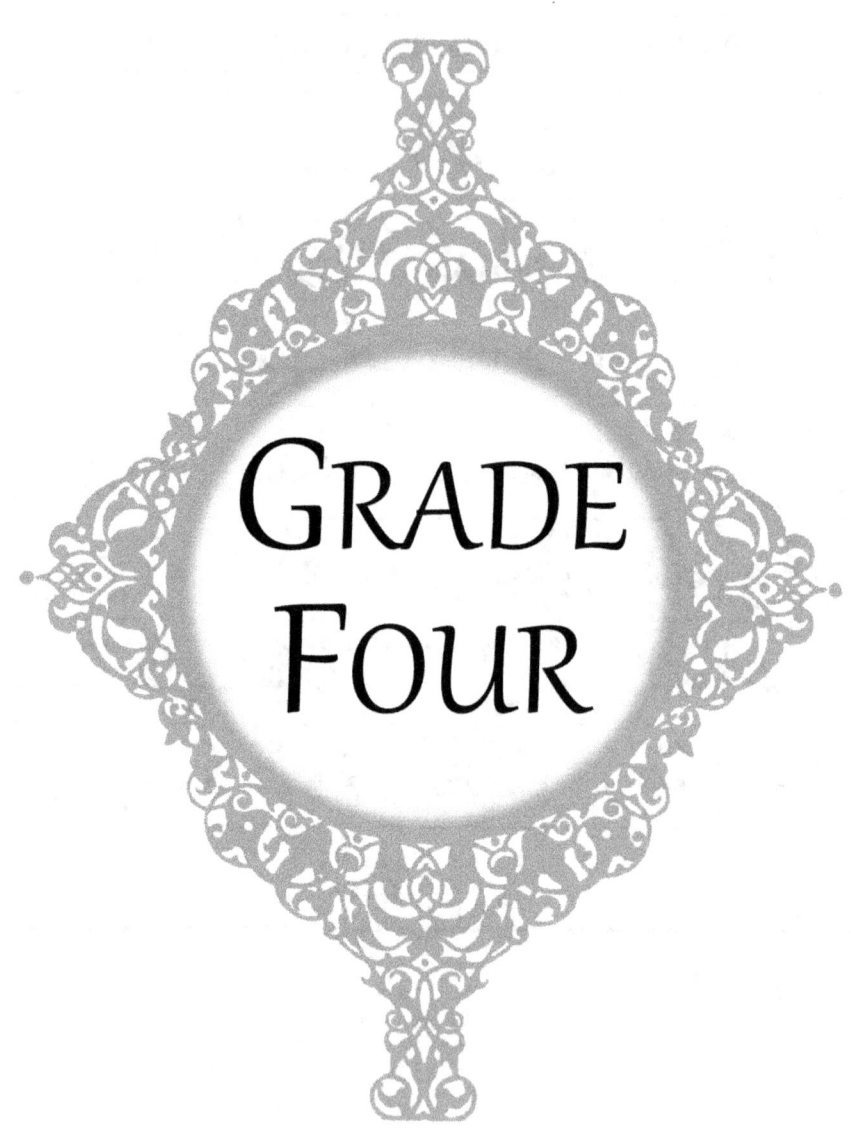

SURAH ZILZAAL

ركوعها ١ (٩٣) سُوْرَةُ الزِّلْزَالِ مَدَنِيَّةٌ (٩٩) اٰيَاتُهَا ٨

بِسْمِ اللّٰهِ الرَّحْمٰنِ الرَّحِيْمِ

اِذَا زُلْزِلَتِ الْاَرْضُ زِلْزَالَهَا ۙ ① وَاَخْرَجَتِ الْاَرْضُ
اَثْقَالَهَا ۙ ② وَقَالَ الْاِنْسَانُ مَا لَهَا ۚ ③ يَوْمَئِذٍ تُحَدِّثُ
اَخْبَارَهَا ۙ ④ بِاَنَّ رَبَّكَ اَوْحٰى لَهَا ۗ ⑤ يَوْمَئِذٍ يَّصْدُرُ النَّاسُ
اَشْتَاتًا ۙ ۵ لِّيُرَوْا اَعْمَالَهُمْ ۗ ⑥ فَمَنْ يَّعْمَلْ مِثْقَالَ ذَرَّةٍ
خَيْرًا يَّرَهٗ ۗ ⑦ وَمَنْ يَّعْمَلْ مِثْقَالَ ذَرَّةٍ شَرًّا يَّرَهٗ ⑧ ع

SURAH QADR

ركوعها ١ (٢٥) سُوْرَةُ الْقَدْرِ مَكِّيَّةٌ (٩٧) اٰيَاتُهَا ٥

بِسْمِ اللّٰهِ الرَّحْمٰنِ الرَّحِيْمِ

اِنَّآ اَنْزَلْنٰهُ فِيْ لَيْلَةِ الْقَدْرِ ۚۖ ① وَمَآ اَدْرٰىكَ مَا لَيْلَةُ الْقَدْرِ ۗ ②
لَيْلَةُ الْقَدْرِ ۙ ۵ خَيْرٌ مِّنْ اَلْفِ شَهْرٍ ۗ ③ تَنَزَّلُ الْمَلٰٓئِكَةُ وَالرُّوْحُ
فِيْهَا بِاِذْنِ رَبِّهِمْ مِّنْ كُلِّ اَمْرٍ ۛ ④ سَلٰمٌ ۛ هِيَ حَتّٰى مَطْلَعِ الْفَجْرِ ⑤ ع

SURAH TEEN

آیَاتُهَا ٨ ﴿٩٥﴾ سُوْرَةُ التِّيْنِ مَكِّيَّةٌ ﴿٢٨﴾ رُكُوْعُهَا ١

بِسْمِ اللّٰهِ الرَّحْمٰنِ الرَّحِيْمِ

وَالتِّيْنِ وَالزَّيْتُوْنِ ۙ﴿١﴾ وَطُوْرِ سِيْنِيْنَ ۙ﴿٢﴾ وَهٰذَا الْبَلَدِ

الْاَمِيْنِ ۙ﴿٣﴾ لَقَدْ خَلَقْنَا الْاِنْسَانَ فِيْٓ اَحْسَنِ

تَقْوِيْمٍ ﴿٤﴾ ثُمَّ رَدَدْنٰهُ اَسْفَلَ سٰفِلِيْنَ ۙ﴿٥﴾ اِلَّا الَّذِيْنَ

اٰمَنُوْا وَعَمِلُوا الصّٰلِحٰتِ فَلَهُمْ اَجْرٌ غَيْرُ مَمْنُوْنٍ ۭ﴿٦﴾ فَمَا

يُكَذِّبُكَ بَعْدُ بِالدِّيْنِ ۭ﴿٧﴾ اَلَيْسَ اللّٰهُ بِاَحْكَمِ الْحٰكِمِيْنَ ﴿٨﴾ ع

SURAH INSHIRAAH

اٰیَاتُہَا ۸ (۹۴) سُوْرَۃُ الْاِنْشِرَاحِ مَکِّیَّۃٌ (۱۲) رُکُوْعُہَا ۱

بِسْمِ اللّٰهِ الرَّحْمٰنِ الرَّحِیْمِ ○

اَلَمْ نَشْرَحْ لَكَ صَدْرَكَ ۙ﴿۱﴾ وَوَضَعْنَا عَنْكَ وِزْرَكَ ۙ﴿۲﴾

الَّذِیْۤ اَنْقَضَ ظَهْرَكَ ۙ﴿۳﴾ وَرَفَعْنَا لَكَ ذِكْرَكَ ؕ﴿۴﴾ فَاِنَّ

مَعَ الْعُسْرِ یُسْرًا ۙ﴿۵﴾ اِنَّ مَعَ الْعُسْرِ یُسْرًا ؕ﴿۶﴾ فَاِذَا

فَرَغْتَ فَانْصَبْ ۙ﴿۷﴾ وَاِلٰى رَبِّكَ فَارْغَبْ ﴿۸﴾ ع

ADVANCE SYLLABUS

SURAH HASHR – AAYAH: 22-24

هُوَ اللّٰهُ الَّذِیْ لَآ اِلٰهَ اِلَّا هُوَ ج

عٰلِمُ الْغَیْبِ وَ الشَّهَادَةِ ج هُوَ الرَّحْمٰنُ الرَّحِیْمُ ﴿۲۲﴾

هُوَ اللّٰهُ الَّذِیْ لَآ اِلٰهَ اِلَّا هُوَ ج اَلْمَلِكُ الْقُدُّوْسُ

السَّلٰمُ الْمُؤْمِنُ الْمُهَیْمِنُ الْعَزِیْزُ الْجَبَّارُ الْمُتَكَبِّرُ ط

سُبْحٰنَ اللّٰهِ عَمَّا یُشْرِكُوْنَ ﴿۲۳﴾ هُوَ اللّٰهُ الْخَالِقُ الْبَارِئُ

الْمُصَوِّرُ لَهُ الْاَسْمَآءُ الْحُسْنٰی ط یُسَبِّحُ لَهٗ مَا فِی

السَّمٰوٰتِ وَالْاَرْضِ ج وَهُوَ الْعَزِیْزُ الْحَكِیْمُ ﴿۲۴﴾ ع

Grade
Five & Six

Surah Duhaa

اٰيَاتُهَا ١١ ﴿٩٣﴾ سُوْرَةُ الضُّحٰى مَكِّيَّةٌ ﴿١١﴾ رُكُوْعُهَا ١

بِسْمِ اللّٰهِ الرَّحْمٰنِ الرَّحِيْمِ ○

وَالضُّحٰى ۙ﴿١﴾ وَالَّيْلِ اِذَا سَجٰى ۙ﴿٢﴾ مَا وَدَّعَكَ رَبُّكَ وَمَا قَلٰى ؕ﴿٣﴾ وَ
لَلْاٰخِرَةُ خَيْرٌ لَّكَ مِنَ الْاُوْلٰى ؕ﴿٤﴾ وَلَسَوْفَ يُعْطِيْكَ رَبُّكَ
فَتَرْضٰى ؕ﴿٥﴾ اَلَمْ يَجِدْكَ يَتِيْمًا فَاٰوٰى ۪﴿٦﴾ وَوَجَدَكَ ضَآلًّا
فَهَدٰى ۪﴿٧﴾ وَوَجَدَكَ عَآئِلًا فَاَغْنٰى ؕ﴿٨﴾ فَاَمَّا الْيَتِيْمَ فَلَا
تَقْهَرْ ؕ﴿٩﴾ وَاَمَّا السَّآئِلَ فَلَا تَنْهَرْ ؕ﴿١٠﴾ وَاَمَّا بِنِعْمَةِ رَبِّكَ فَحَدِّثْ ﴿١١﴾ ع ★

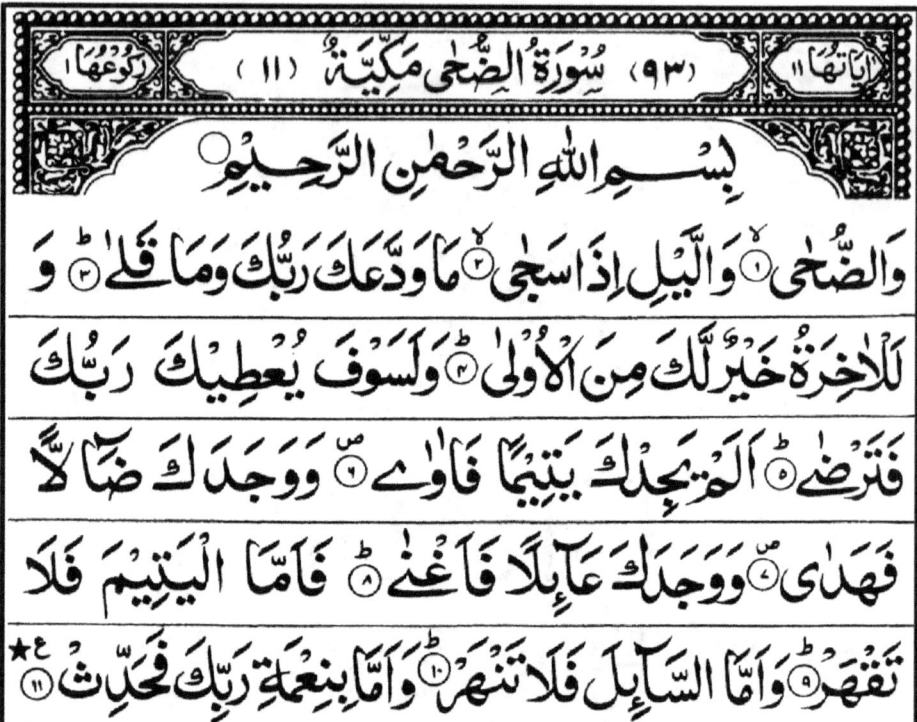

اٰيَاتُهَا ۸۳ سُوْرَةُ يٰسٓ مَكِّيَّةٌ (۳۶) (۴۱) رُكُوْعَاتُهَا ۵

بِسْمِ اللّٰهِ الرَّحْمٰنِ الرَّحِيْمِ

يٰسٓ ۝۱ وَالْقُرْاٰنِ الْحَكِيْمِ ۝۲ اِنَّكَ لَمِنَ الْمُرْسَلِيْنَ ۝۳ عَلٰى
صِرَاطٍ مُّسْتَقِيْمٍ ۝۴ تَنْزِيْلَ الْعَزِيْزِ الرَّحِيْمِ ۝۵ لِتُنْذِرَ قَوْمًا
مَّآ اُنْذِرَ اٰبَآؤُهُمْ فَهُمْ غٰفِلُوْنَ ۝۶ لَقَدْ حَقَّ الْقَوْلُ عَلٰٓى
اَكْثَرِهِمْ فَهُمْ لَا يُؤْمِنُوْنَ ۝۷ اِنَّا جَعَلْنَا فِيْٓ اَعْنَاقِهِمْ اَغْلٰلًا
فَهِيَ اِلَى الْاَذْقَانِ فَهُمْ مُّقْمَحُوْنَ ۝۸ وَجَعَلْنَا مِنْۢ بَيْنِ
اَيْدِيْهِمْ سَدًّا وَّمِنْ خَلْفِهِمْ سَدًّا فَاَغْشَيْنٰهُمْ فَهُمْ
لَا يُبْصِرُوْنَ ۝۹ وَسَوَآءٌ عَلَيْهِمْ ءَاَنْذَرْتَهُمْ اَمْ لَمْ تُنْذِرْهُمْ
لَا يُؤْمِنُوْنَ ۝۱۰ اِنَّمَا تُنْذِرُ مَنِ اتَّبَعَ الذِّكْرَ وَخَشِيَ الرَّحْمٰنَ

بِالْغَيْبِ ۚ فَبَشِّرْهُ بِمَغْفِرَةٍ وَّاَجْرٍ كَرِيْمٍ ﴿١١﴾ اِنَّا نَحْنُ نُحْيِ

الْمَوْتٰى وَنَكْتُبُ مَا قَدَّمُوْا وَاٰثَارَهُمْ ۗ وَكُلَّ شَيْءٍ اَحْصَيْنٰهُ

فِيْٓ اِمَامٍ مُّبِيْنٍ ﴿١٢﴾ ع وَاضْرِبْ لَهُمْ مَّثَلًا اَصْحٰبَ الْقَرْيَةِ ۘ

اِذْ جَآءَهَا الْمُرْسَلُوْنَ ﴿١٣﴾ ۚ اِذْ اَرْسَلْنَآ اِلَيْهِمُ اثْنَيْنِ

فَكَذَّبُوْهُمَا فَعَزَّزْنَا بِثَالِثٍ فَقَالُوْٓا اِنَّآ اِلَيْكُمْ مُّرْسَلُوْنَ ﴿١٤﴾

قَالُوْا مَآ اَنْتُمْ اِلَّا بَشَرٌ مِّثْلُنَا ۙ وَمَآ اَنْزَلَ الرَّحْمٰنُ مِنْ

شَيْءٍ ۙ اِنْ اَنْتُمْ اِلَّا تَكْذِبُوْنَ ﴿١٥﴾ قَالُوْا رَبُّنَا يَعْلَمُ

اِنَّآ اِلَيْكُمْ لَمُرْسَلُوْنَ ﴿١٦﴾ وَمَا عَلَيْنَآ اِلَّا الْبَلٰغُ الْمُبِيْنُ ﴿١٧﴾

قَالُوْٓا اِنَّا تَطَيَّرْنَا بِكُمْ ۚ لَئِنْ لَّمْ تَنْتَهُوْا لَنَرْجُمَنَّكُمْ وَ

لَيَمَسَّنَّكُمْ مِّنَّا عَذَابٌ اَلِيْمٌ ﴿١٨﴾ قَالُوْا طَآئِرُكُمْ مَّعَكُمْ ۗ

اَئِنْ ذُكِّرْتُمْ ۗ بَلْ اَنْتُمْ قَوْمٌ مُّسْرِفُوْنَ ﴿١٩﴾ وَجَآءَ مِنْ

اَقْصَا الْمَدِيْنَةِ رَجُلٌ يَّسْعٰى قَالَ يٰقَوْمِ اتَّبِعُوا الْمُرْسَلِيْنَ ﴿٢٠﴾ ۙ

اتَّبِعُوْا مَنْ لَّا يَسْـَٔلُكُمْ اَجْرًا وَّهُمْ مُّهْتَدُوْنَ ﴿٢١﴾

وَمَا لِيَ لَآ اَعۡبُدُ الَّذِيۡ فَطَرَنِيۡ وَاِلَيۡهِ تُرۡجَعُوۡنَ ﴿٢٢﴾

ءَاَتَّخِذُ مِنۡ دُوۡنِهٖۤ اٰلِهَةً اِنۡ يُّرِدۡنِ الرَّحۡمٰنُ بِضُرٍّ لَّا
تُغۡنِ عَنِّيۡ شَفَاعَتُهُمۡ شَيۡـًٔا وَّلَا يُنۡقِذُوۡنِ ؕ ﴿٢٣﴾ اِنِّيۡۤ اِذًا
لَّفِيۡ ضَلٰلٍ مُّبِيۡنٍ ﴿٢٤﴾ اِنِّيۡۤ اٰمَنۡتُ بِرَبِّكُمۡ فَاسۡمَعُوۡنِ ؕ ﴿٢٥﴾
قِيۡلَ ادۡخُلِ الۡجَنَّةَ ؕ قَالَ يٰلَيۡتَ قَوۡمِيۡ يَعۡلَمُوۡنَ ۙ ﴿٢٦﴾ بِمَا
غَفَرَ لِيۡ رَبِّيۡ وَجَعَلَنِيۡ مِنَ الۡمُكۡرَمِيۡنَ ﴿٢٧﴾ وَمَاۤ اَنۡزَلۡنَا
عَلٰى قَوۡمِهٖ مِنۡۢ بَعۡدِهٖ مِنۡ جُنۡدٍ مِّنَ السَّمَآءِ وَمَا كُنَّا
مُنۡزِلِيۡنَ ﴿٢٨﴾ اِنۡ كَانَتۡ اِلَّا صَيۡحَةً وَّاحِدَةً فَاِذَا هُمۡ
خٰمِدُوۡنَ ﴿٢٩﴾ يٰحَسۡرَةً عَلَى الۡعِبَادِ ۚ مَا يَاۡتِيۡهِمۡ مِّنۡ
رَّسُوۡلٍ اِلَّا كَانُوۡا بِهٖ يَسۡتَهۡزِءُوۡنَ ﴿٣٠﴾ اَلَمۡ يَرَوۡا كَمۡ اَهۡلَكۡنَا
قَبۡلَهُمۡ مِّنَ الۡقُرُوۡنِ اَنَّهُمۡ اِلَيۡهِمۡ لَا يَرۡجِعُوۡنَ ؕ ﴿٣١﴾ وَاِنۡ
كُلٌّ لَّمَّا جَمِيۡعٌ لَّدَيۡنَا مُحۡضَرُوۡنَ ﴿٣٢﴾ وَاٰيَةٌ لَّهُمُ الۡاَرۡضُ
الۡمَيۡتَةُ ۖۚ اَحۡيَيۡنٰهَا وَاَخۡرَجۡنَا مِنۡهَا حَبًّا فَمِنۡهُ

يَأْكُلُوْنَ ﴿٣٣﴾ وَجَعَلْنَا فِيْهَا جَنّٰتٍ مِّنْ نَّخِيْلٍ وَّ اَعْنَابٍ
وَّ فَجَّرْنَا فِيْهَا مِنَ الْعُيُوْنِ ﴿٣٤﴾ ۙ لِيَاْكُلُوْا مِنْ ثَمَرِهٖ ۙ
وَمَا عَمِلَتْهُ اَيْدِيْهِمْ ؕ اَفَلَا يَشْكُرُوْنَ ﴿٣٥﴾ سُبْحٰنَ الَّذِیْ
خَلَقَ الْاَزْوَاجَ كُلَّهَا مِمَّا تُنْۢبِتُ الْاَرْضُ وَمِنْ اَنْفُسِهِمْ
وَمِمَّا لَا يَعْلَمُوْنَ ﴿٣٦﴾ وَاٰيَةٌ لَّهُمُ الَّيْلُ ۚۖ نَسْلَخُ مِنْهُ النَّهَارَ
فَاِذَا هُمْ مُّظْلِمُوْنَ ﴿٣٧﴾ ۙ وَالشَّمْسُ تَجْرِیْ لِمُسْتَقَرٍّ لَّهَا ؕ
ذٰلِكَ تَقْدِيْرُ الْعَزِيْزِ الْعَلِيْمِ ﴿٣٨﴾ ؕ وَالْقَمَرَ قَدَّرْنٰهُ مَنَازِلَ
حَتّٰى عَادَ كَالْعُرْجُوْنِ الْقَدِيْمِ ﴿٣٩﴾ لَا الشَّمْسُ يَنْۢبَغِیْ لَهَاۤ
اَنْ تُدْرِكَ الْقَمَرَ وَلَا الَّيْلُ سَابِقُ النَّهَارِ ؕ وَ كُلٌّ
فِیْ فَلَكٍ يَّسْبَحُوْنَ ﴿٤٠﴾ وَاٰيَةٌ لَّهُمْ اَنَّا حَمَلْنَا ذُرِّيَّتَهُمْ
فِی الْفُلْكِ الْمَشْحُوْنِ ﴿٤١﴾ ۙ وَخَلَقْنَا لَهُمْ مِّنْ مِّثْلِهٖ مَا
يَرْكَبُوْنَ ﴿٤٢﴾ وَاِنْ نَّشَاْ نُغْرِقْهُمْ فَلَا صَرِيْخَ لَهُمْ وَ لَا
هُمْ يُنْقَذُوْنَ ﴿٤٣﴾ ۙ اِلَّا رَحْمَةً مِّنَّا وَمَتَاعًا اِلٰى حِيْنٍ ﴿٤٤﴾

وَإِذَا قِيلَ لَهُمُ اتَّقُوا مَا بَيْنَ أَيْدِيكُمْ وَمَا خَلْفَكُمْ
لَعَلَّكُمْ تُرْحَمُونَ ﴿٤٥﴾ وَمَا تَأْتِيهِمْ مِّنْ آيَةٍ مِّنْ آيَاتِ
رَبِّهِمْ إِلَّا كَانُوا عَنْهَا مُعْرِضِينَ ﴿٤٦﴾ وَإِذَا قِيلَ لَهُمْ
أَنْفِقُوا مِمَّا رَزَقَكُمُ اللَّهُ ۙ قَالَ الَّذِينَ كَفَرُوا لِلَّذِينَ آمَنُوا
أَنُطْعِمُ مَنْ لَّوْ يَشَاءُ اللَّهُ أَطْعَمَهُ ۖ إِنْ أَنْتُمْ إِلَّا فِي
ضَلَالٍ مُّبِينٍ ﴿٤٧﴾ وَيَقُولُونَ مَتَىٰ هَٰذَا الْوَعْدُ إِنْ
كُنْتُمْ صَادِقِينَ ﴿٤٨﴾ مَا يَنْظُرُونَ إِلَّا صَيْحَةً وَّاحِدَةً
تَأْخُذُهُمْ وَهُمْ يَخِصِّمُونَ ﴿٤٩﴾ فَلَا يَسْتَطِيعُونَ تَوْصِيَةً
وَّلَا إِلَىٰ أَهْلِهِمْ يَرْجِعُونَ ﴿٥٠﴾ ع وَنُفِخَ فِي الصُّورِ فَإِذَا
هُمْ مِّنَ الْأَجْدَاثِ إِلَىٰ رَبِّهِمْ يَنْسِلُونَ ﴿٥١﴾ قَالُوا
يَا وَيْلَنَا مَنْ بَعَثَنَا مِنْ مَّرْقَدِنَا ۜ سكتة هَٰذَا مَا وَعَدَ
الرَّحْمَٰنُ وَصَدَقَ الْمُرْسَلُونَ ﴿٥٢﴾ إِنْ كَانَتْ إِلَّا
صَيْحَةً وَّاحِدَةً فَإِذَا هُمْ جَمِيعٌ لَّدَيْنَا مُحْضَرُونَ ﴿٥٣﴾

فَالْيَوْمَ لَا تُظْلَمُ نَفْسٌ شَيْـًٔا وَّلَا تُجْزَوْنَ اِلَّا مَا

كُنْتُمْ تَعْمَلُوْنَ ﴿٥٤﴾ اِنَّ اَصْحٰبَ الْجَنَّةِ الْيَوْمَ فِيْ

شُغُلٍ فٰكِهُوْنَ ﴿٥٥﴾ ج هُمْ وَاَزْوَاجُهُمْ فِيْ ظِلٰلٍ عَلَى

الْاَرَآئِكِ مُتَّكِـُٔوْنَ ﴿٥٦﴾ لَهُمْ فِيْهَا فَاكِهَةٌ وَّلَهُمْ

مَّا يَدَّعُوْنَ ﴿٥٧﴾ صلے سَلٰمٌ قف قَوْلًا مِّنْ رَّبٍّ رَّحِيْمٍ ﴿٥٨﴾ وَامْتَازُوا

الْيَوْمَ اَيُّهَا الْمُجْرِمُوْنَ ﴿٥٩﴾ اَلَمْ اَعْهَدْ اِلَيْكُمْ

يٰبَنِيْٓ اٰدَمَ اَنْ لَّا تَعْبُدُوا الشَّيْطٰنَ ج اِنَّهٗ لَكُمْ عَدُوٌّ

مُّبِيْنٌ ﴿٦٠﴾ لا وَّاَنِ اعْبُدُوْنِيْ ط هٰذَا صِرَاطٌ مُّسْتَقِيْمٌ ﴿٦١﴾

وَلَقَدْ اَضَلَّ مِنْكُمْ جِبِلًّا كَثِيْرًا ط اَفَلَمْ تَكُوْنُوْا

تَعْقِلُوْنَ ﴿٦٢﴾ هٰذِهٖ جَهَنَّمُ الَّتِيْ كُنْتُمْ تُوْعَدُوْنَ ﴿٦٣﴾

اِصْلَوْهَا الْيَوْمَ بِمَا كُنْتُمْ تَكْفُرُوْنَ ﴿٦٤﴾ اَلْيَوْمَ نَخْتِمُ

عَلٰٓى اَفْوَاهِهِمْ وَتُكَلِّمُنَآ اَيْدِيْهِمْ وَتَشْهَدُ اَرْجُلُهُمْ

بِمَا كَانُوْا يَكْسِبُوْنَ ﴿٦٥﴾ وَلَوْ نَشَآءُ لَطَمَسْنَا عَلٰٓى

أَعْيُنِهِمْ فَاسْتَبَقُوا الصِّرَاطَ فَأَنّٰى يُبْصِرُوْنَ ﴿٦٦﴾ وَلَوْ
نَشَآءُ لَمَسَخْنٰهُمْ عَلٰى مَكَانَتِهِمْ فَمَا اسْتَطَاعُوْا
مُضِيًّا وَّلَا يَرْجِعُوْنَ ﴿٦٧﴾ وَمَنْ نُّعَمِّرْهُ نُنَكِّسْهُ فِي
الْخَلْقِ ؕ أَفَلَا يَعْقِلُوْنَ ﴿٦٨﴾ وَمَا عَلَّمْنٰهُ الشِّعْرَ وَمَا يَنْۢبَغِيْ
لَهٗ ؕ إِنْ هُوَ إِلَّا ذِكْرٌ وَّقُرْاٰنٌ مُّبِيْنٌ ﴿٦٩﴾ لِّيُنْذِرَ
مَنْ كَانَ حَيًّا وَّيَحِقَّ الْقَوْلُ عَلَى الْكٰفِرِيْنَ ﴿٧٠﴾ أَوَلَمْ
يَرَوْا أَنَّا خَلَقْنَا لَهُمْ مِّمَّا عَمِلَتْ أَيْدِيْنَآ أَنْعَامًا
فَهُمْ لَهَا مٰلِكُوْنَ ﴿٧١﴾ وَذَلَّلْنٰهَا لَهُمْ فَمِنْهَا رَكُوْبُهُمْ
وَمِنْهَا يَأْكُلُوْنَ ﴿٧٢﴾ وَلَهُمْ فِيْهَا مَنَافِعُ وَمَشَارِبُ ؕ
أَفَلَا يَشْكُرُوْنَ ﴿٧٣﴾ وَاتَّخَذُوْا مِنْ دُوْنِ اللّٰهِ اٰلِهَةً
لَّعَلَّهُمْ يُنْصَرُوْنَ ؕ ﴿٧٤﴾ لَا يَسْتَطِيْعُوْنَ نَصْرَهُمْ ۙ وَهُمْ
لَهُمْ جُنْدٌ مُّحْضَرُوْنَ ﴿٧٥﴾ فَلَا يَحْزُنْكَ قَوْلُهُمْ ۘ إِنَّا
نَعْلَمُ مَا يُسِرُّوْنَ وَمَا يُعْلِنُوْنَ ﴿٧٦﴾ أَوَلَمْ يَرَ

الْاِنْسَانُ اَنَّا خَلَقْنٰهُ مِنْ نُّطْفَةٍ فَاِذَا هُوَ خَصِيْمٌ
مُّبِيْنٌ ﴿٧٧﴾ وَضَرَبَ لَنَا مَثَلًا وَّنَسِيَ خَلْقَهٗ ؕ قَالَ مَنْ يُّحْيِ
الْعِظَامَ وَهِيَ رَمِيْمٌ ﴿٧٨﴾ قُلْ يُحْيِيْهَا الَّذِيْٓ اَنْشَاَهَآ
اَوَّلَ مَرَّةٍ ؕ وَهُوَ بِكُلِّ خَلْقٍ عَلِيْمٌ ﴿٧٩﴾ الَّذِيْ جَعَلَ لَكُمْ
مِّنَ الشَّجَرِ الْاَخْضَرِ نَارًا فَاِذَآ اَنْتُمْ مِّنْهُ تُوْقِدُوْنَ ﴿٨٠﴾
اَوَلَيْسَ الَّذِيْ خَلَقَ السَّمٰوٰتِ وَالْاَرْضَ بِقٰدِرٍ عَلٰٓى
اَنْ يَّخْلُقَ مِثْلَهُمْ ؕ بَلٰى ۗ وَهُوَ الْخَلّٰقُ الْعَلِيْمُ ﴿٨١﴾ اِنَّمَآ اَمْرُهٗٓ
اِذَآ اَرَادَ شَيْئًا اَنْ يَّقُوْلَ لَهٗ كُنْ فَيَكُوْنُ ﴿٨٢﴾ فَسُبْحٰنَ
الَّذِيْ بِيَدِهٖ مَلَكُوْتُ كُلِّ شَيْءٍ وَّاِلَيْهِ تُرْجَعُوْنَ ﴿٨٣﴾

Surah Yaaseen

Hadhrat 'Ata ibn Abi Rabaah (rahimahullah) says that Rasulullah ﷺ said, "Whoever reads Surah Yaaseen in the beginning of the day, all his needs for that day are completed." (Sunan Daarimi #3418)

Hadhrat Anas (radiyallahu anhu) reports that Rasulullah ﷺ said, "Everything has a heart, and a heart of the Qur-aan is Surah Yaaseen." Whoever reads Surah Yaaseen, Allah Ta'ala records for him a reward equal to that of reading the whole Qur-aan ten times. (Tirmizi #2887)

According to another Hadith, Allah Ta'ala recited Surah Yaaseen and Surah Taha 1000 years before the creation of the heavens and the earth. On hearing this, the Angels said: Blessing is for that Ummat unto whom the Qur-aan will be sent down, blessings is for the hearts which will bear it (memorise it) and blessings for tongues which will recite it."

There is another narration which says: "Whoever reads Surah Yaaseen for the pleasure of Allah Ta'ala only, all his previous sins will be forgiven. Therefore, make a practice of reading this Surah over your dead." According to another Hadith, Surah Yaaseen is named in the Torah as Mun'mah (giver of good things) because it contains benefits for its readers in this life as well as in the Hereafter, it removes from him the affliction of this world and the next and takes away the dread of the next life.

This Surah is also Known as Raafi'ah and Khaafidah (that which exalts the status of the believers and degrades the unbelievers.) According to a Hadith, Rasulullah ﷺ said: "My heart desires that Surah Yaaseen should be present in the heart of everyone of my Ummah." According to another Hadith, if anybody recites Surah Yaaseen every night and then dies, he dies as a shaheed (martyr).

It is reported yet in another Hadith that: "Whoever reads it in hunger, will be satisfied; whoever reads it while having lost his way, will find his way; whoever reads it on losing an animal, will find the same. When one reads it apprehending that his food will run short, that food will become sufficient; and if one reads it besides a person who is in the agonies of death, his agonies will be made easy for him; and if anyone reads it on a woman experiencing difficulty in childbirth, her delivery will become easy."

"If Surah Yaaseen is read by one who fears the ruler or enemy, will have his fears removed." (Fazaail-e-Qur-aan)

SURAH BAQARAH - AAYAH: 284 - 286

لِلّٰهِ مَا فِی السَّمٰوٰتِ وَمَا فِی الْاَرْضِ ؕ وَاِنْ تُبْدُوْا
مَا فِیْۤ اَنْفُسِكُمْ اَوْ تُخْفُوْهُ یُحَاسِبْكُمْ بِهِ اللّٰهُ ؕ
فَیَغْفِرُ لِمَنْ یَّشَآءُ وَیُعَذِّبُ مَنْ یَّشَآءُ ؕ وَاللّٰهُ عَلٰی
كُلِّ شَیْءٍ قَدِیْرٌ ﴿۲۸۴﴾ اٰمَنَ الرَّسُوْلُ بِمَاۤ اُنْزِلَ
اِلَیْهِ مِنْ رَّبِّهٖ وَالْمُؤْمِنُوْنَ ؕ كُلٌّ اٰمَنَ بِاللّٰهِ
وَمَلٰٓئِكَتِهٖ وَكُتُبِهٖ وَرُسُلِهٖ قف لَا نُفَرِّقُ بَیْنَ اَحَدٍ
مِّنْ رُّسُلِهٖ قف وَقَالُوْا سَمِعْنَا وَاَطَعْنَا ز غُفْرَانَكَ
رَبَّنَا وَاِلَیْكَ الْمَصِیْرُ ﴿۲۸۵﴾ لَا یُكَلِّفُ اللّٰهُ نَفْسًا اِلَّا
وُسْعَهَا ؕ لَهَا مَا كَسَبَتْ وَعَلَیْهَا مَا اكْتَسَبَتْ ؕ
رَبَّنَا لَا تُؤَاخِذْنَاۤ اِنْ نَّسِیْنَاۤ اَوْ اَخْطَاْنَا ج رَبَّنَا
وَلَا تَحْمِلْ عَلَیْنَاۤ اِصْرًا كَمَا حَمَلْتَهٗ عَلَی الَّذِیْنَ
مِنْ قَبْلِنَا ج رَبَّنَا وَلَا تُحَمِّلْنَا مَا لَا طَاقَةَ لَنَا بِهٖ ج
وَاعْفُ عَنَّا وقفة وَاغْفِرْ لَنَا وقفة وَارْحَمْنَا وقفة اَنْتَ مَوْلٰىنَا
فَانْصُرْنَا عَلَی الْقَوْمِ الْكٰفِرِیْنَ ﴿۲۸۶﴾ ع ★

ADVANCE SYLLABUS – GRADE 6

SURAH 'ALAQ

آیَاتُهَا ۱۹ ﴿۹۶﴾ سُوْرَةُ الْعَلَقِ مَكِّیَّةٌ ﴿۱﴾ رُكُوْعُهَا ۱

بِسْمِ اللّٰهِ الرَّحْمٰنِ الرَّحِیْمِ

اِقْرَاْ بِاسْمِ رَبِّكَ الَّذِیْ خَلَقَ ۚ ﴿۱﴾ خَلَقَ الْاِنْسَانَ مِنْ

عَلَقٍ ۚ ﴿۲﴾ اِقْرَاْ وَرَبُّكَ الْاَكْرَمُ ۙ ﴿۳﴾ الَّذِیْ عَلَّمَ بِالْقَلَمِ ۙ ﴿۴﴾

عَلَّمَ الْاِنْسَانَ مَا لَمْ یَعْلَمْ ؕ ﴿۵﴾ كَلَّاۤ اِنَّ الْاِنْسَانَ لَیَطْغٰۤی ۙ ﴿۶﴾

اَنْ رَّاٰهُ اسْتَغْنٰی ؕ ﴿۷﴾ اِنَّ اِلٰی رَبِّكَ الرُّجْعٰی ؕ ﴿۸﴾ اَرَءَیْتَ الَّذِیْ

یَنْهٰی ۙ ﴿۹﴾ عَبْدًا اِذَا صَلّٰی ؕ ﴿۱۰﴾ اَرَءَیْتَ اِنْ كَانَ عَلَی

الْهُدٰۤی ۙ ﴿۱۱﴾ اَوْ اَمَرَ بِالتَّقْوٰی ؕ ﴿۱۲﴾ اَرَءَیْتَ اِنْ كَذَّبَ وَتَوَلّٰی ؕ ﴿۱۳﴾

اَلَمْ یَعْلَمْ بِاَنَّ اللّٰهَ یَرٰی ؕ ﴿۱۴﴾ كَلَّا لَئِنْ لَّمْ یَنْتَهِ ۬ۙ لَنَسْفَعًۢا

بِالنَّاصِیَةِ ۙ ﴿۱۵﴾ نَاصِیَةٍ كَاذِبَةٍ خَاطِئَةٍ ۚ ﴿۱۶﴾ فَلْیَدْعُ نَادِیَهٗ ۙ ﴿۱۷﴾

سَنَدْعُ الزَّبَانِیَةَ ۙ ﴿۱۸﴾ كَلَّا ؕ لَا تُطِعْهُ وَاسْجُدْ وَاقْتَرِبْ ﴿۱۹﴾ السجدة ع

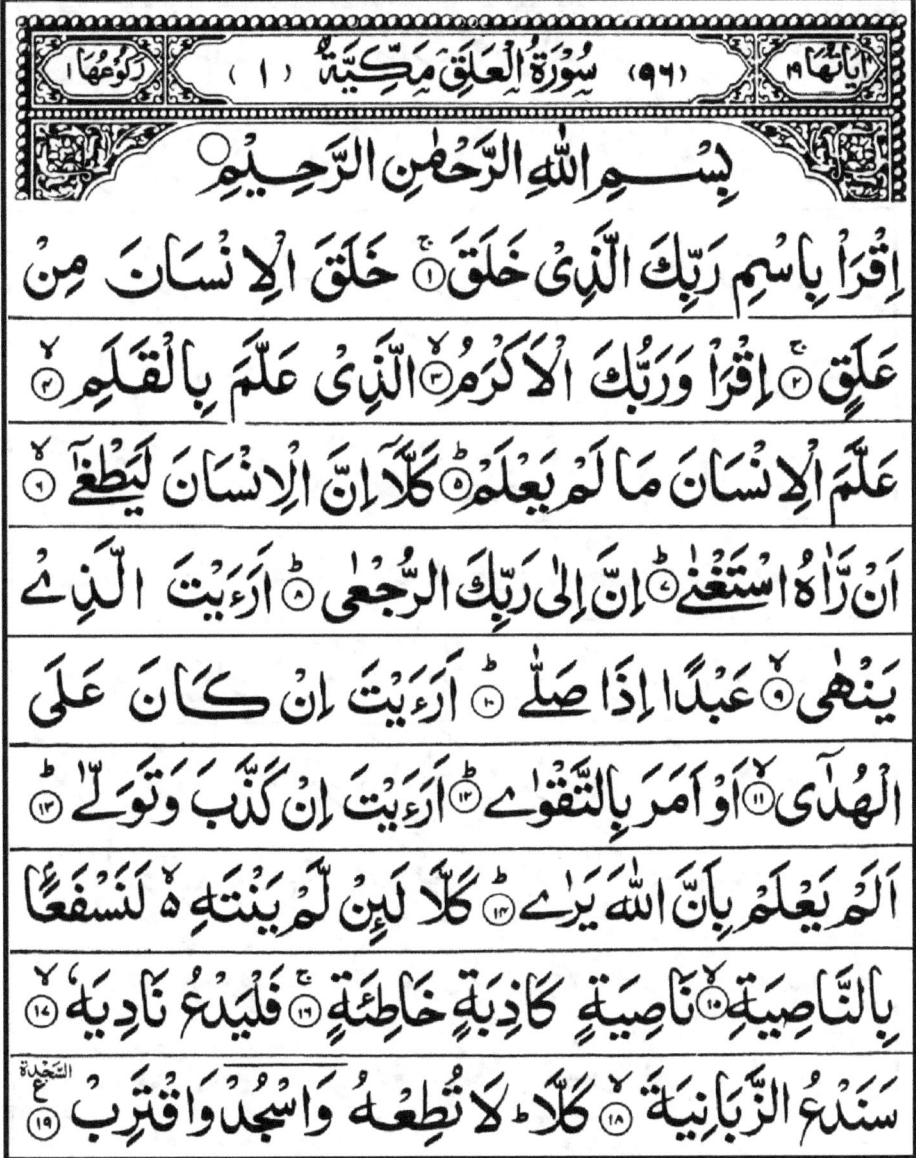

اٰيَاتُهَا ٨ (٩٨) سُوْرَةُ الْبَيِّنَةِ مَدَنِيَّةٌ (١٠٠) رُكُوْعُهَا ١

بِسْمِ اللّٰهِ الرَّحْمٰنِ الرَّحِيْمِ

لَمْ يَكُنِ الَّذِيْنَ كَفَرُوْا مِنْ اَهْلِ الْكِتٰبِ وَالْمُشْرِكِيْنَ مُنْفَكِّيْنَ
حَتّٰى تَاْتِيَهُمُ الْبَيِّنَةُ ﴿١﴾ رَسُوْلٌ مِّنَ اللّٰهِ يَتْلُوْا صُحُفًا مُّطَهَّرَةً ﴿٢﴾
فِيْهَا كُتُبٌ قَيِّمَةٌ ﴿٣﴾ وَمَا تَفَرَّقَ الَّذِيْنَ اُوْتُوا الْكِتٰبَ
اِلَّا مِنْ بَعْدِ مَا جَآءَتْهُمُ الْبَيِّنَةُ ﴿٤﴾ وَمَآ اُمِرُوْٓا اِلَّا
لِيَعْبُدُوا اللّٰهَ مُخْلِصِيْنَ لَهُ الدِّيْنَ ۙ حُنَفَآءَ وَيُقِيْمُوا
الصَّلٰوةَ وَيُؤْتُوا الزَّكٰوةَ وَذٰلِكَ دِيْنُ الْقَيِّمَةِ ﴿٥﴾ اِنَّ الَّذِيْنَ
كَفَرُوْا مِنْ اَهْلِ الْكِتٰبِ وَالْمُشْرِكِيْنَ فِيْ نَارِ جَهَنَّمَ خٰلِدِيْنَ
فِيْهَا ؕ اُولٰٓئِكَ هُمْ شَرُّ الْبَرِيَّةِ ﴿٦﴾ اِنَّ الَّذِيْنَ اٰمَنُوْا وَعَمِلُوا
الصّٰلِحٰتِ ۙ اُولٰٓئِكَ هُمْ خَيْرُ الْبَرِيَّةِ ﴿٧﴾ جَزَآؤُهُمْ عِنْدَ رَبِّهِمْ
جَنّٰتُ عَدْنٍ تَجْرِيْ مِنْ تَحْتِهَا الْاَنْهٰرُ خٰلِدِيْنَ فِيْهَآ اَبَدًا ؕ
رَضِيَ اللّٰهُ عَنْهُمْ وَرَضُوْا عَنْهُ ؕ ذٰلِكَ لِمَنْ خَشِيَ رَبَّهٗ ﴿٨﴾

Grade Seven

آياتها ٣٠ — سُوْرَةُ الْمُلْكِ مَكِّيَّةٌ (٦٧) (٧٧) — ركوعاتها ٢

بِسْمِ اللّٰهِ الرَّحْمٰنِ الرَّحِيْمِ

تَبٰرَكَ الَّذِىْ بِيَدِهِ الْمُلْكُ ز وَهُوَ عَلٰى كُلِّ شَىْءٍ
قَدِيْرُ ۨ ﴿١﴾ الَّذِىْ خَلَقَ الْمَوْتَ وَالْحَيٰوةَ لِيَبْلُوَكُمْ
اَيُّكُمْ اَحْسَنُ عَمَلًا ط وَهُوَ الْعَزِيْزُ الْغَفُوْرُ ﴿٢﴾ الَّذِىْ
خَلَقَ سَبْعَ سَمٰوٰتٍ طِبَاقًا ط مَا تَرٰى فِىْ خَلْقِ الرَّحْمٰنِ
مِنْ تَفٰوُتٍ ط فَارْجِعِ الْبَصَرَ لا هَلْ تَرٰى مِنْ فُطُوْرٍ ﴿٣﴾
ثُمَّ ارْجِعِ الْبَصَرَ كَرَّتَيْنِ يَنْقَلِبْ اِلَيْكَ الْبَصَرُ
خَاسِئًا وَّهُوَ حَسِيْرٌ ﴿٤﴾ وَلَقَدْ زَيَّنَّا السَّمَآءَ الدُّنْيَا
بِمَصَابِيْحَ وَجَعَلْنٰهَا رُجُوْمًا لِّلشَّيٰطِيْنِ وَاَعْتَدْنَا لَهُمْ
عَذَابَ السَّعِيْرِ ﴿٥﴾ وَلِلَّذِيْنَ كَفَرُوْا بِرَبِّهِمْ عَذَابُ
جَهَنَّمَ ط وَبِئْسَ الْمَصِيْرُ ﴿٦﴾ اِذَآ اُلْقُوْا فِيْهَا سَمِعُوْا
لَهَا شَهِيْقًا وَّهِىَ تَفُوْرُ ﴿٧﴾ تَكَادُ تَمَيَّزُ مِنَ الْغَيْظِ ط

كُلَّمَآ اُلْقِيَ فِيْهَا فَوْجٌ سَاَلَهُمْ خَزَنَتُهَآ اَلَمْ يَاْتِكُمْ
نَذِيْرٌ ﴿۸﴾ قَالُوْا بَلٰى قَدْ جَآءَنَا نَذِيْرٌ ۙ فَكَذَّبْنَا
وَقُلْنَا مَا نَزَّلَ اللّٰهُ مِنْ شَيْءٍ ۚۖ اِنْ اَنْتُمْ اِلَّا فِيْ
ضَلٰلٍ كَبِيْرٍ ﴿۹﴾ وَقَالُوْا لَوْ كُنَّا نَسْمَعُ اَوْ نَعْقِلُ مَا
كُنَّا فِيْٓ اَصْحٰبِ السَّعِيْرِ ﴿۱۰﴾ فَاعْتَرَفُوْا بِذَنْۢبِهِمْ ۚ
فَسُحْقًا لِّاَصْحٰبِ السَّعِيْرِ ﴿۱۱﴾ اِنَّ الَّذِيْنَ يَخْشَوْنَ
رَبَّهُمْ بِالْغَيْبِ لَهُمْ مَّغْفِرَةٌ وَّاَجْرٌ كَبِيْرٌ ﴿۱۲﴾ وَاَسِرُّوْا
قَوْلَكُمْ اَوِ اجْهَرُوْا بِهٖ ؕ اِنَّهٗ عَلِيْمٌۢ بِذَاتِ الصُّدُوْرِ ﴿۱۳﴾
اَلَا يَعْلَمُ مَنْ خَلَقَ ؕ وَهُوَ اللَّطِيْفُ الْخَبِيْرُ ﴿۱۴﴾ ع هُوَ
الَّذِيْ جَعَلَ لَكُمُ الْاَرْضَ ذَلُوْلًا فَامْشُوْا فِيْ مَنَاكِبِهَا
وَكُلُوْا مِنْ رِّزْقِهٖ ؕ وَاِلَيْهِ النُّشُوْرُ ﴿۱۵﴾ ءَاَمِنْتُمْ مَّنْ
فِي السَّمَآءِ اَنْ يَّخْسِفَ بِكُمُ الْاَرْضَ فَاِذَا هِيَ
تَمُوْرُ ﴿۱۶﴾ ۙ اَمْ اَمِنْتُمْ مَّنْ فِي السَّمَآءِ اَنْ يُّرْسِلَ عَلَيْكُمْ

حَاصِبًا ط فَسَتَعْلَمُوْنَ كَيْفَ نَذِيْرِ ﴿١٧﴾ وَلَقَدْ كَذَّبَ
الَّذِيْنَ مِنْ قَبْلِهِمْ فَكَيْفَ كَانَ نَكِيْرِ ﴿١٨﴾ اَوَلَمْ يَرَوْا
اِلَى الطَّيْرِ فَوْقَهُمْ صٰٓفّٰتٍ وَّيَقْبِضْنَ ؔ مَا يُمْسِكُهُنَّ
اِلَّا الرَّحْمٰنُ ط اِنَّهٗ بِكُلِّ شَيْءٍۢ بَصِيْرٌ ﴿١٩﴾ اَمَّنْ هٰذَا
الَّذِيْ هُوَ جُنْدٌ لَّكُمْ يَنْصُرُكُمْ مِّنْ دُوْنِ الرَّحْمٰنِ ط
اِنِ الْكٰفِرُوْنَ اِلَّا فِيْ غُرُوْرٍ ﴿٢٠﴾ اَمَّنْ هٰذَا الَّذِيْ
يَرْزُقُكُمْ اِنْ اَمْسَكَ رِزْقَهٗ ج بَلْ لَّجُّوْا فِيْ عُتُوٍّ وَّ
نُفُوْرٍ ﴿٢١﴾ اَفَمَنْ يَّمْشِيْ مُكِبًّا عَلٰى وَجْهِهٖٓ اَهْدٰٓى
اَمَّنْ يَّمْشِيْ سَوِيًّا عَلٰى صِرَاطٍ مُّسْتَقِيْمٍ ﴿٢٢﴾ قُلْ هُوَ
الَّذِيْٓ اَنْشَاَكُمْ وَجَعَلَ لَكُمُ السَّمْعَ وَالْاَبْصَارَ
وَالْاَفْـِٕدَةَ ط قَلِيْلًا مَّا تَشْكُرُوْنَ ﴿٢٣﴾ قُلْ هُوَ الَّذِيْ
ذَرَاَكُمْ فِي الْاَرْضِ وَاِلَيْهِ تُحْشَرُوْنَ ﴿٢٤﴾ وَيَقُوْلُوْنَ
مَتٰى هٰذَا الْوَعْدُ اِنْ كُنْتُمْ صٰدِقِيْنَ ﴿٢٥﴾ قُلْ

اِنَّمَا الْعِلْمُ عِنْدَ اللّٰهِ ۪ وَاِنَّمَاۤ اَنَا نَذِيْرٌ مُّبِيْنٌ ﴿۲۶﴾

فَلَمَّا رَاَوْهُ زُلْفَةً سِيْٓـَٔتْ وُجُوْهُ الَّذِيْنَ كَفَرُوْا

وَقِيْلَ هٰذَا الَّذِيْ كُنْتُمْ بِهٖ تَدَّعُوْنَ ﴿۲۷﴾ قُلْ

اَرَءَيْتُمْ اِنْ اَهْلَكَنِيَ اللّٰهُ وَمَنْ مَّعِيَ اَوْ رَحِمَنَا ۙ

فَمَنْ يُّجِيْرُ الْكٰفِرِيْنَ مِنْ عَذَابٍ اَلِيْمٍ ﴿۲۸﴾ قُلْ هُوَ

الرَّحْمٰنُ اٰمَنَّا بِهٖ وَعَلَيْهِ تَوَكَّلْنَا ۚ فَسَتَعْلَمُوْنَ

مَنْ هُوَ فِيْ ضَلٰلٍ مُّبِيْنٍ ﴿۲۹﴾ قُلْ اَرَءَيْتُمْ اِنْ

اَصْبَحَ مَآؤُكُمْ غَوْرًا فَمَنْ يَّاْتِيْكُمْ بِمَآءٍ مَّعِيْنٍ ﴿۳۰﴾ ع

ADVANCE SYLLABUS

SURAH SAJDAH

اٰیَاتُهَا ٣٠ ﴿٣٢﴾ سُوْرَةُ السَّجْدَةِ مَكِّيَّةٌ ﴿٧٥﴾ رُكُوْعَاتُهَا ٣

بِسْمِ اللّٰهِ الرَّحْمٰنِ الرَّحِيْمِ

الٓمّٓ ۚ ﴿١﴾ تَنْزِيْلُ الْكِتٰبِ لَا رَيْبَ فِيْهِ مِنْ رَّبِّ
الْعٰلَمِيْنَ ؕ ﴿٢﴾ اَمْ يَقُوْلُوْنَ افْتَرٰىهُ ۚ بَلْ هُوَ الْحَقُّ مِنْ
رَّبِّكَ لِتُنْذِرَ قَوْمًا مَّآ اَتٰىهُمْ مِّنْ نَّذِيْرٍ مِّنْ قَبْلِكَ
لَعَلَّهُمْ يَهْتَدُوْنَ ﴿٣﴾ اَللّٰهُ الَّذِيْ خَلَقَ السَّمٰوٰتِ
وَالْاَرْضَ وَمَا بَيْنَهُمَا فِيْ سِتَّةِ اَيَّامٍ ثُمَّ اسْتَوٰى
عَلَى الْعَرْشِ ؕ مَا لَكُمْ مِّنْ دُوْنِهٖ مِنْ وَّلِيٍّ وَّلَا
شَفِيْعٍ ؕ اَفَلَا تَتَذَكَّرُوْنَ ﴿٤﴾ يُدَبِّرُ الْاَمْرَ مِنَ
السَّمَآءِ اِلَى الْاَرْضِ ثُمَّ يَعْرُجُ اِلَيْهِ فِيْ يَوْمٍ
كَانَ مِقْدَارُهٗٓ اَلْفَ سَنَةٍ مِّمَّا تَعُدُّوْنَ ﴿٥﴾ ذٰلِكَ

عٰلِمُ الْغَيْبِ وَالشَّهَادَةِ الْعَزِيْزُ الرَّحِيْمُ ۙ﴿٦﴾ الَّذِىْٓ
اَحْسَنَ كُلَّ شَىْءٍ خَلَقَهٗ وَبَدَاَ خَلْقَ الْاِنْسَانِ
مِنْ طِيْنٍ ۚ﴿٧﴾ ثُمَّ جَعَلَ نَسْلَهٗ مِنْ سُلٰلَةٍ مِّنْ مَّآءٍ
مَّهِيْنٍ ۚ﴿٨﴾ ثُمَّ سَوّٰىهُ وَنَفَخَ فِيْهِ مِنْ رُّوْحِهٖ وَجَعَلَ
لَكُمُ السَّمْعَ وَالْاَبْصَارَ وَالْاَفْـِٕدَةَ ؕ قَلِيْلًا مَّا تَشْكُرُوْنَ ﴿٩﴾
وَقَالُوْٓا ءَاِذَا ضَلَلْنَا فِى الْاَرْضِ ءَاِنَّا لَفِىْ خَلْقٍ
جَدِيْدٍ ۬ؕ بَلْ هُمْ بِلِقَآءِ رَبِّهِمْ كٰفِرُوْنَ ﴿١٠﴾ قُلْ
يَتَوَفّٰىكُمْ مَّلَكُ الْمَوْتِ الَّذِىْ وُكِّلَ بِكُمْ ثُمَّ
اِلٰى رَبِّكُمْ تُرْجَعُوْنَ ﴿١١﴾ ۧ وَلَوْ تَرٰٓى اِذِ الْمُجْرِمُوْنَ
نَاكِسُوْا رُءُوْسِهِمْ عِنْدَ رَبِّهِمْ ؕ رَبَّنَآ اَبْصَرْنَا
وَسَمِعْنَا فَارْجِعْنَا نَعْمَلْ صَالِحًا اِنَّا مُوْقِنُوْنَ ﴿١٢﴾ وَلَوْ
شِئْنَا لَاٰتَيْنَا كُلَّ نَفْسٍ هُدٰىهَا وَلٰكِنْ حَقَّ
الْقَوْلُ مِنِّىْ لَاَمْلَئَنَّ جَهَنَّمَ مِنَ الْجِنَّةِ وَالنَّاسِ

اَجْمَعِيْنَ ﴿١٣﴾ فَذُوْقُوْا بِمَا نَسِيْتُمْ لِقَآءَ يَوْمِكُمْ هٰذَا ۚ
اِنَّا نَسِيْنٰكُمْ وَذُوْقُوْا عَذَابَ الْخُلْدِ بِمَا كُنْتُمْ
تَعْمَلُوْنَ ﴿١٤﴾ اِنَّمَا يُؤْمِنُ بِاٰيٰتِنَا الَّذِيْنَ اِذَا ذُكِّرُوْا
بِهَا خَرُّوْا سُجَّدًا وَّسَبَّحُوْا بِحَمْدِ رَبِّهِمْ وَهُمْ لَا
يَسْتَكْبِرُوْنَ ﴿١٥﴾ السجدة تَتَجَافٰى جُنُوْبُهُمْ عَنِ الْمَضَاجِعِ
يَدْعُوْنَ رَبَّهُمْ خَوْفًا وَّطَمَعًا ز وَّمِمَّا رَزَقْنٰهُمْ يُنْفِقُوْنَ ﴿١٦﴾
فَلَا تَعْلَمُ نَفْسٌ مَّآ اُخْفِيَ لَهُمْ مِّنْ قُرَّةِ اَعْيُنٍ ۚ
جَزَآءًۢ بِمَا كَانُوْا يَعْمَلُوْنَ ﴿١٧﴾ اَفَمَنْ كَانَ مُؤْمِنًا
كَمَنْ كَانَ فَاسِقًا ؕ لَا يَسْتَوٗنَ ﴿١٨﴾ اَمَّا الَّذِيْنَ اٰمَنُوْا
وَعَمِلُوا الصّٰلِحٰتِ فَلَهُمْ جَنّٰتُ الْمَاْوٰى ز نُزُلًا بِمَا
كَانُوْا يَعْمَلُوْنَ ﴿١٩﴾ وَاَمَّا الَّذِيْنَ فَسَقُوْا فَمَاْوٰىهُمُ
النَّارُ ؕ كُلَّمَآ اَرَادُوْٓا اَنْ يَّخْرُجُوْا مِنْهَآ اُعِيْدُوْا فِيْهَا
وَقِيْلَ لَهُمْ ذُوْقُوْا عَذَابَ النَّارِ الَّذِيْ كُنْتُمْ بِهٖ

تُكَذِّبُوْنَ ﴿٢٠﴾ وَلَنُذِيْقَنَّهُمْ مِّنَ الْعَذَابِ الْاَدْنٰى
دُوْنَ الْعَذَابِ الْاَكْبَرِ لَعَلَّهُمْ يَرْجِعُوْنَ ﴿٢١﴾ وَمَنْ
اَظْلَمُ مِمَّنْ ذُكِّرَ بِاٰيٰتِ رَبِّهٖ ثُمَّ اَعْرَضَ عَنْهَا ؕ
اِنَّا مِنَ الْمُجْرِمِيْنَ مُنْتَقِمُوْنَ ﴿٢٢﴾ ع وَلَقَدْ اٰتَيْنَا مُوْسَى
الْكِتٰبَ فَلَا تَكُنْ فِيْ مِرْيَةٍ مِّنْ لِّقَآئِهٖ وَجَعَلْنٰهُ
هُدًى لِّبَنِيْٓ اِسْرَآءِيْلَ ﴿٢٣﴾ ج وَجَعَلْنَا مِنْهُمْ اَئِمَّةً
يَّهْدُوْنَ بِاَمْرِنَا لَمَّا صَبَرُوْا ؕ قف وَكَانُوْا بِاٰيٰتِنَا
يُوْقِنُوْنَ ﴿٢٤﴾ اِنَّ رَبَّكَ هُوَ يَفْصِلُ بَيْنَهُمْ يَوْمَ الْقِيٰمَةِ
فِيْمَا كَانُوْا فِيْهِ يَخْتَلِفُوْنَ ﴿٢٥﴾ اَوَلَمْ يَهْدِ لَهُمْ كَمْ
اَهْلَكْنَا مِنْ قَبْلِهِمْ مِّنَ الْقُرُوْنِ يَمْشُوْنَ فِيْ
مَسٰكِنِهِمْ ؕ اِنَّ فِيْ ذٰلِكَ لَاٰيٰتٍ ؕ اَفَلَا يَسْمَعُوْنَ ﴿٢٦﴾
اَوَلَمْ يَرَوْا اَنَّا نَسُوْقُ الْمَآءَ اِلَى الْاَرْضِ الْجُرُزِ
فَنُخْرِجُ بِهٖ زَرْعًا تَاْكُلُ مِنْهُ اَنْعَامُهُمْ وَاَنْفُسُهُمْ ؕ

اَفَلَا يُبْصِرُوْنَ ﴿٢٧﴾ وَيَقُوْلُوْنَ مَتٰى هٰذَا الْفَتْحُ اِنْ
كُنْتُمْ صٰدِقِيْنَ ﴿٢٨﴾ قُلْ يَوْمَ الْفَتْحِ لَا يَنْفَعُ الَّذِيْنَ
كَفَرُوْٓا اِيْمَانُهُمْ وَلَا هُمْ يُنْظَرُوْنَ ﴿٢٩﴾ فَاَعْرِضْ
عَنْهُمْ وَانْتَظِرْ اِنَّهُمْ مُّنْتَظِرُوْنَ ﴿٣٠﴾ ع

VIRTUES

VIRTUES OF SURAH FAATIHAH

1. Hadhrat Abdul Malik ibn Umair (rahimahullah) reports that Rasulullah ﷺ said, "In Surah Faatihah, there is a cure for all sicknesses." (Sunan Daarimi #3413)

2. Ibn 'Abbaas (radiyallahu anhuma) says that once Jibreel (alayhis salaam) was sitting by Rasulullah ﷺ when he heard a loud sound above him. So he raised his head and said "Today, a door has been opened in the sky which was never opened before, and out of it came down an angel who had never come down before. The angel said to me, "Receive the good news of two anwaar (lights) which have not been given to any Nabi before you. One is Surah Faatihah and the other the last few aayaat of Surah Baqarah. You will never recite any of the duaas (contained within them) except that you will be granted it." These two Surahs have been called Noor because on the Day of Qiyaamah they will travel in front of their readers (brightening up their path). (Saheeh Muslim #806)

VIRTUES OF MU-AWWAZATAIN
(SURAH FALAQ & SURAH NAAS)

1. Surah Falaq and Surah Naas are a gift to us by Allah, which we can use to seek His refuge from internal and external evils. The whispering of shaytaan, attacks from jinns, evil eye of those around us, jealousy and envy are all poisonous enemies that these beautiful surahs can safeguard us from.

2. Uqbah bin 'Amir (radiyallahu anhu) narrates: "Rasulullah ﷺ said to me: There have been sent down to me verses the like of which had never been seen before. They are the Mu'awwazatain." (Sahih Muslim #814)

3. Rasulullah ﷺ used to seek refuge with Allah from the jinn and from the evil eye until the Mu'awwazatain were revealed, and

when they were revealed he started to recite them and not anything else. (Tirmizi #2058))

4. The beloved wife of Rasulullah ﷺ, Hazrat 'Aaisha (radiyallahu anha) is reported to have said: "Whenever Allah's Messenger ﷺ went to bed, he would recite Surah Ikhlaas and Mu'awwazatain (Surah Falaq and Surah Naas) and then blow in his palms and pass them over his face and entire body to the point where his hands could reach. When he became ill, he used to tell me to recite (these surahs) and I used to rub his hands over his body hoping for its blessings." (Bukhari #5748+5751)

VIRTUES OF SURAH IKHLAAS

1. Abu Sa'eed al-Khudri (radiyallahu anhu) narrates that a person heard a man reciting Qul huwallaahu ahad (Surah Ikhlaas) repeatedly. In the morning he went to the Prophet ﷺ and related this to him. It seemed as if this person considered this (repeated recitation of Surah Ikhlaas) to be insignificant. Rasulullah ﷺ therefore said: "I take an oath by that Being in whose control is my life, it certainly equals to one third of the Qur-aan." (Bukhari #5013)

2. Hazrat Anas (radiyallahu anhu) has reported the saying of Rasulullah ﷺ that, "If anyone who is about to sleep on his bed lies on his right side, then recited Surah Ikhlaas 100 times, Allah will say to him on the Day of the resurrection, 'O My slave! Enter Paradise to your right side." (Tirmizi #2898)

VIRTUES OF SURAH NASR

1. Anas (radiyallahu anhu) reported that Rasulullah ﷺ said, 'It is equivalent to a fourth of the Qur-aan.' (Tirmizi #2895)

Virtues of Surah Zilzaal, Kaafiroon & Ikhlaas

1. Abdullah Ibn 'Abbas and Anas Ibn Maalik (radiyallahu anhum) reported that Rasulullah ﷺ said, 'Whoever recites Surah Zilzaal will get the reward of reciting half the Qur-aan. Whoever recites Surah Kaafiroon will get a reward as if reading a quarter of the Qur-aan. Whoever recites Surah Ikhlaas will get a reward as if reading one third of the Qur-aan.' (Tirmizi #2893)

Virtues of Surah Takaasur

1. Hadhrat Umar (radiyallahu anhu) narrates that Rasulullah ﷺ said, 'Whoever recited one thousand verses in one night will meet Allah with a smile on his face.' Someone said, 'O Rasulullah ﷺ, who can recite a thousand verses?' Rasulullah ﷺ then recited Bismillahir Rahmaanir Raheem and Surah Takaasur and then said, 'By the one in Whose control is my life, it is certainly equal to a thousand verses.' (Al Muttafaq wal Muftaraq #197)

Virtue of Surah Mulk

1. Hadhrat Abu Hurayrah (radiyallahu anhu) narrates that Rasulullah ﷺ said, "There is in the Qur-aan a Surah consisting of thirty aayaat which will intercede for its reader until he is forgiven. This is Surah Tabarakallazi." (Sunan Tirmizi #2891)

2. Ibn Abbas (radiyallahu anhu) reports that Rasulullah ﷺ said, "I wish that this surah be in the heart of every believer." (Shu'abul Imaan #2277)

Virtues for Advance Syllabus

Virtues of Aayaat 110 - 111 of Surah Bani Israa'eel

1. Hadhrat Ibn Abbaas (Radiyallahu anhu) narrates that Rasulullah ﷺ was asked regarding these aayaat (mentioned above). Rasulullah ﷺ replied, "It is a protection from theft."

2. One Saahaabi from the Muhaajireen used to recite these verses before going to sleep. One day a thief got into his house and gathered all his belongings and moved towards the door. This Muhaajir Sahaabi was awake (watching the entire scene). The thief came to the door and found the door locked. He placed the load down (trying to open the door). He did this thrice. The owner of the house laughed at this sight and said to him, "I have protected my house." (i.e. by reading these verses before sleeping)   (Durre Mansoor Vol. 4 Page 373)

Virtues of Aayaat: 26 - 27 of Surah Aali Imraan

1. Rasulullah ﷺ said to Hazrat Mu'aaz (Radiyallahu anhu), 'Should I not teach you a supplication which, when used to implore Allah Ta'ala, Allah Ta'ala shall pay your debt, even if it be as huge as Mount Uhud? He then mentioned them (i.e. Surah al Imran verse 26 & 27)' (Tabarani)

Virtues of Aayatul Kursi

1. Hadhrat Ali (Radiyallahu anhu) narrates that Rasulullah ﷺ said: "I have been given Aayatul Kursi from the treasures under the Arsh. No Nabi before me was given this." Hadhrat Ali ﷺ says that from the time he heard this from Rasulullah ﷺ he never slept without reciting these verses.

2. Abu Umaamah (Radiyallahu anhu) narrates that Rasulullah ﷺ said: "Whosoever recites Aayatul Kursi after every Fardh Salaah, nothing will prevent him from entering Jannah except his death."

3. Hadhrat Hasan ibn Ali (Radiyallahu anhu) narrates that Rasulullah ﷺ said: "Whosoever recites Aayatul Kursi after every fardh salaah will be in the protection of Allah Ta'ala until the next salaah."

4. Qatadah (Radiyallahu anhu) narrates that whosoever recites Aayatul Kursi when he goes to sleep, two angels are deputed over him that protect him until he wakes up.

VIRTUES OF AAYAAT: 22-24 OF SURAH HASHR

1. It has been narrated by Hadhrat Ma'qal Ibn Yasaar (radhiyallahu anhu) that Rasulullah ﷺ said that one who recites thrice in the morning:

2. اَعُوْذُ بِاللهِ السَّمِيْعِ الْعَلِيْمِ مِنَ الشَّيْطَانِ الرَّجِيْمِ

followed by the last three verses of Surah Hashr once, Allah Ta'ala will appoint over him 70,000 angels who will beg for his forgiveness.

VIRTUES OF AAYAAT: 284 - 286 OF SURAH BAQARAH

1. Ibn 'Abbaas (radiyallahu anhuma) says that once Jibreel (alaihis salaam) was sitting by Rasulullah ﷺ when he heard a loud sound above him. So he raised his head and said, "Today, a door has been opened in the sky which was never opened before, and out of it came down an angel who had never come down before. The angel said to me, "Receive the good news of two anwaar (lights) which have not been given to any Nabi before you. One is Surah Faatihah and the other the last few aayaat of Surah Baqarah. You will never recite any of the duaas (contained within them) except that you will be granted it." These two Surahs have been called Noor because on the Day of

Qiyaamah they will travel in front of their readers (brightening up their path). (Saheeh Muslim #806)

2. Abu Mas'ood Al-Ansaari (radiyallahu anhu) narrates that Rasulullah ﷺ said; "Whosoever reads the last two verses of Surah Baqarah at night, it will suffice him." (i.e. it will suffice him from all evils or it will suffice him from performing Tahajjud Salaah or it will suffice him from the evils of jinn and shayaateen). [Tirmizi #2881]

3. Hadhrat Abu Zar Ghifaari (radiyallahu anhu) narrates that Rasulullah ﷺ said, "Allah Ta'ala completed Surah Baqarah with two verses. He gifted these two verses from a treasure beneath His throne. Learn these aayaat and teach them to your women and children. Indeed these verses are Salaah, Qur-aan and Dua." (Daarimi #3390)

4. Nu'maan ibn Basheer ﷺ narrates that Rasulullah ﷺ said; "Allah Ta'ala had written a book 2000 years before He created the skies and the earth. He revealed two verses (from that book) which ends off Suratul Baqarah. If these two verses are read in a house for three days, shaytaan will not come close to that house. [Tirmizi #2882]

VIRTUE OF SURAH SAJDAH

1. Hadhrat Jaabir (radiyallahu anhu) narrates that Rasulullah ﷺ would not sleep until he recited Surah Alif Laam Meem Sajdah and Surah Tabarakallazi.

2. Hadhrat Abdullah Ibn Umar (radiyallahu anhuma) narrates that Rasulullah ﷺ said: "One who reads Surah Tabaarak and Surah Alif Laam Meem Sajdah between Maghrib and Esha Salaah, it is as though he stood up in Ibaadah on Laylatul Qadar."

3. Hadhrat Khalid ibn Ma'daan (radiyallahu anhu) narrates that Rasulullah ﷺ said: "Surah Alif Laam Tanzeel will fight on behalf of its reciter in the grave saying: 'O Allah! If it is that I am from your

book then accept my intercession on behalf of him; and if it is that I am not from your book then delete me from your book.' Verily it (this surah) shall be like a bird placing its wings over the reciter and interceding on behalf of him and it will then save him from the punishment in the grave."

www.ingramcontent.com/pod-product-compliance
Lightning Source LLC
Chambersburg PA
CBHW072021290426
44109CB00018B/2310
* 9 7 8 0 4 2 6 1 1 2 6 5 5 *